20 世纪中国图书馆学文库·5

图书馆组织与管理

洪有丰 著

圙 國家圖書館出版社

本书据商务印书馆 1926 年 8 月初版排印

（原书无标点符号，编者后加）

自　序

簣土成丘陵,跬步致千里,高基于卑,远始于迩也。著述之事,古人不苟言之。孔氏之圣,赞易、删诗、修春秋,未尝自有撰述,至后世始有著作等身之名家。迄于今日,书籍汗牛充栋,著作家车载斗量,似滥于其事,无足重轻矣。而欧美之觇国者,谓其文化程度之高下,视其出版界之多寡,可知时异势迁。执拘墟之见,守往旧之训,无有当也。夫不轻著述者,为尊重学术耳。孰知视为神秘者,反晦其用,普及之效难期,发明之功有待,继长增高而以光大之者安在乎。是今之推广著述,与古之慎重著述,其于学术,时各有宜,亦殊途而同归也。图书馆于中国尚属幼稚时期,经有识者之提倡,其关系重要,群知之矣。然观吾国图书馆学之译著,尚寥若晨星,将何以为取则之资,而求事业之发达,效果之昭著,犹南辕而北辙也。编者未敢晓然自以为足以语此,然置身吾国图书馆界之一人,对于此专门之事业,亦负辅助诱进之相对义务。而任东南大学图书馆课程,讲授数次。亲友学者,均以吾国方亟需要于图书馆之研究,怂恿以稿本付印。故忘其固陋,即允其请,而以灾诸梨枣,亦不过为兹学先致篑土跬步之劳。自卑迩言之耳,奚著述之足云。谨将付印因由,叙述崖略,弁诸简端,海内大雅,或不以率尔操觚哂之乎。

·　中华民国十四年一月安徽绩溪洪有丰自序于东南大学孟芳图书馆

凡　例

　　一　本编命名为图书馆组织与管理者,列举组织与管理必要之方法,俾读者皆了然于图书馆之建设与运用。而图书馆之效果,得昭著普及于社会,则编者之望也。

　　一　本编权衡轻重为立言之标准,故篇目之分合,叙述之繁简,与他种译著本颇不同,读者详之。

　　一　中国图书馆庋藏,当以中籍为多。而晚近译自欧美,或采及东邻者,所述方法,未必尽适用于中籍。本编力矫舍本逐末之弊,于中籍处理方法,叙述尤详,期可有实际之应用也。

　　一　中籍之分类装订等问题,近研究图书馆者曾有新意见发表。编者不愿为极端之主张,于旧法亦不欲过为屏斥。以为此等问题,殊有参酌之余地,但凭理想所及,轻事更张,实事必多阻碍,故不敢苟同也。其详具载编中。

　　一　图书馆学在解决图书馆事业设施上之种种问题,与他种学术有各殊之点。故本编不欲多为空泛之理论,武断之批评。而于关于图书馆学之实事,特广为搜集,以饷读者研究参考之资料,任其自行抉择。想为明达之所许乎。

一　本编文字但求明白显畅,易于了解。然芜杂复沓之弊,在所不免,阅者谅之。

一　本编承朱家治、江彦雍、施廷镛诸君,为之参校,殊多匡纠。益友之惠,合附志焉。

一　编者学识谫陋,又羁于职务,仓卒编纂,舛谬殊多。倘荷方家,不吝珠玉,加以指正,尤为愉感。

目　　次

第一章　图书馆学之意义

图也者，以目见之有形物，及想像之无形物，写而状之。故天地之形势，万物之名象，皆以图为之表现。书也者，以文字记载事物，故古今中外史迹学术，皆以书为之留传。然图也、书也，相辅而行。古人有谓见书不见图，闻其声不见其形；见图不见书，见其人不闻其语。诚至言也。古之学者，左图右书，未尝有偏重。后世之学，骛空虚，骋辞说，而图之用渐荒。典籍之纪，但闻有书。宋郑渔仲深慨言之，夫以郑康成之学，而凭文字以求，则娄尊诂为凤舞。至于凿背之牺既出，而王肃之义长矣。以孔颖达之学，而就文义以解。则江源出自岷山，至金沙之道既通，而缅志之源远矣。此无他，盖无图也。现今学崇实际，地理博物等及其他科学之研究，尤未可偏废也。图书馆者，图书之府，即图书荟萃之所。曩公家称之曰某阁，如石渠阁、文津阁等。或曰某院，如崇文院等。而私家所称，大都曰某楼，如铁琴铜剑楼、传是楼等。或曰某堂、某斋、某庐，如万卷堂、持静斋、结一庐等。亦有名阁者，如

1

汲古阁等。表面既无图书二字之表显,亦未有以馆名者。迨戊戌政变,崇尚新学。日本名辞流入中华,始有是称。至宣统时,颁布图书馆制,而名始著。馆之义何居,馆,客舍也,有止宿授餐之义。图书馆以庋藏图书,供众阅览为职志。古人所谓寝馈其中者,揭称以馆。其旨斯显,揆诸逻辑,名实相符,此其名称之渊源也。但图书之功能既如上述,则图书馆所集,无异聚古今硕学鸿儒于一堂,天地万物形象于一室。吾人苟有所求,均可如愿以偿。然图书之在馆,犹五金之在矿,愈采愈深,则所得愈多,而贡献于社会国家也亦重。反之不自采取,不能发显其功效。故图书馆对于图书,若何处理;对于阅览者,若何指导;以及一切事业,若何推广,若何改进。研究其原理,而应用适当之方法。此种学术,是谓之图书馆学。

第二章　图书馆与教育之关系

欲明图书馆与教育之关系,首在明乎教育维何。教育要点,在增进个人之知能生长,当为学者所公认。然知能何为使其生长,胡居仁曰:穷理非一端,所得非一处。或在读书上得之,或在讲论上得之,或在思处上得之,或在行事上得之。读书上得之最多,讲论上得之尤速,思处上得之最深,行事上得之最实。然此为分别言之,固各有不可偏废者。试挈其轻重而论之,则吾人知识,强半得之于书,而所资于书者尤为先务。虽有讲论思处行事所得之知识,若不读书,则见闻必狭,智虑必浅。况讲论思想两者,不能在虚无空洞之间。而行事之经验,无主宰判断之思考能力,所得亦至有限乎。胡氏以最多之功归之读书,诚有识者之言也。图书馆为图书之海,其于教育关系重要,综上所述已可概见,更列举其与教育各方面之关系以申明之。

一　使现受学校教育者得辅助其知能之生长

学生之知识得之于学,学之道匪惟徒恃教师之教也。

盖教者不过以其所得，为学者之指导，略示门径，俾自造诣。若囿于所教，不能参互旁证，深求义蕴，固无登峰造极之可期，则其所已学者，亦未必真有逢源自得之功效也。故学生之求学时当就所学，触类引申，精益求精，使疑者决之，狭者广之。而决之广之之法，端赖图书为参考。

二　使已受学校教育者得继续其知能之生长

凡人既受学校教育之后，若故步自封，保持所学，自谓已足，而不能温故知新，力求并进，学业固无向上之功，抑有荒废之虑。而尤以任教授之职务者为最要，盖教者为学者之导师，若于一种学术无精深之研究，则于咨询问难时，应付必多谬误。故阐理畅义，曲征例证，不可无参考之劳。况际兹学术日新，昔之所学或不适于今，而致陈腐之讥，尤不得不力求增进。增进之道，教材之源，厥惟图书矣。

三　使未曾肄业学校者得增进其知能之生长

未曾肄业学校者，有为绩学宿儒，则于所研究之国故及其他学术，当需图书以资参稽。至因年龄程度经济之限制，不获肄业学校者，更不得不谋增进学识之方，而图书馆可供给其需要可为其自修之所。固无论男女老幼，程度深浅，皆可享受其益。昔美国法兰克林·克罗克士幼年失学，赖图书馆以补习，卒成一代伟人，此显著之事实。故世人目图书馆为平民大学，良有以也。

由上言之，图书实具有使教育生生不已之功。而图书馆为图书之源泉，与教育之关系，更无待赘言。至于图书浩如渊海，寒士无力购备，而图书馆可以供给。社会消遣乏所，有堕落人格之危，而图书馆可以陶冶性情，养成高尚思想，尤其余事也。

第三章　图书馆之沿革

图书馆源于藏书。考诸载籍,周有藏史典简册,实已肇其端。秦季下令焚书,然所焚为诗书百家,语之在人间而非博士官所职者,特愚黔首计耳。萧何入咸阳,尽收秦丞相府图籍文书,是秦亦未尝无藏书也。汉兴除挟书之禁,大收篇籍,广开献书之路。孝武世书缺简脱,于是建藏书之策,置写书之官,下及诸子传说,皆充秘府。至成帝时,使谒者陈农求遗书于天下,诏刘向父子校雠之。七略所奏,大凡三万三千九十卷。王莽之末,焚烧无遗。光武中兴,笃好文雅。迁还洛阳,其经牒秘书载之二千余辆。明章继轨,亲临讲肆,尤重经术。四方鸿生巨儒,负帙自远而至者,不可胜算。石室兰台,弥以充积,又于东观及仁寿阁集新书,校书郎班固、傅毅等典掌焉,并依七略而为书部。及董卓移都之际,吏民扰乱。自辟雍东观、兰台石室、宣明鸿都诸藏典策文章,竞共剖散。其缣帛图书,大则连为帷盖,小乃制为滕囊。及王允所收而西者,载七十余乘,道路艰远,复弃其半矣。后长安之乱,一时焚荡，莫不泯尽焉。魏晋六朝虽代有鸠聚，然变乱相寻，旋积旋散。隋文帝开皇三年，秘书监牛弘表请分遣使人搜讨异本，每书一卷，赏绢一匹，校写既定，本即归主。于是民间异书，往往间出。至唐开元，藏书最盛。其著录者五万三千九百一十五卷。而唐之学者自为之书，又二万八千四百六十九卷。初隋嘉则殿书三十七万卷，至唐武德初有书八万卷，重复相揉。王世充平得隋旧书八千余卷，宋遵贵监运东都，浮舟溯西，致京师，经砥柱，舟覆尽亡其书。贞观中，魏征、虞世南、颜师古继为秘书监，请购天下书，选五品以上子孙工书者为书手缮写，藏于内库。元宗命马怀素为修图书，使褚无量整比。会幸东都，乃就乾元殿东序检校无量建议御书，以宰相宋璟、苏颋同署。如贞观故事，又借民间异本传录。及还京师，迁书东宫，丽正殿置修书院于著作院。其后大明宫光顺门外，东都明福门外，皆创集贤书院学士，通籍出入。既而太府月给麻纸五千番，季给上谷墨三百三十六丸，岁给兔千五百皮为笔材。两都各聚书四部，以甲乙丙丁为次，列经史子集库。其本有正有副，轴带帙签，皆异色以别之。禄山之乱，尺简不藏。元载为相，奏以千钱购书一卷。又命拾遗苗发等，使江淮括访。至文宗时，郑覃侍讲进言经籍未备，因诏秘阁搜采。于是四库之书复完，分藏于十二库。黄巢之乱，存者盖鲜。五代后唐庄宗同光中，募民献书，及三百卷授以试卫。其选调之官，每百卷减一选。周世宗以史馆书籍尚少，锐意求访，凡献书者悉加优赐以诱致之。而民间之书，传写舛误，乃选常参官三十人校雠刊正，令于卷末署其名焉。宋初有书万余卷，其后削平诸国，收其图籍，及下诏遣使，购求散亡，三馆之书，稍复增益。太宗始于左升龙门北建崇文院，而徙三馆之书以实之。又分三馆书万余卷别为书库，名曰秘阁。阁成亲临幸观书，赐从臣及直馆宴。又命近习侍卫之臣，纵观群书。真宗时命三馆写四部书二本，置禁中之龙图阁及后苑之太清楼。而玉宸殿四门殿，亦各有书万余卷。又以秘阁地隘，分内藏西库以广之。上文之意，亦云至矣。已而王宫火，延及崇文秘阁，书多煨烬。其仅存者，迁于右掖门外，谓之崇文外院。命重写书籍，选官详覆校勘，掌以参知政事，一人领之。仁宗既新作崇文院，命学士张观等编四库书，仿开元四部录，为崇文总目，书凡三万六百六十九卷。神宗改崇文院为秘书省，徽宗更崇文总目为秘书总目。诏购求士民藏书，其有所秘未见之书，足备观采者，仍命以官。且以三馆书多逸，遗命建局以补全校正为名，设官总理，募工缮写。一置宣和殿，一置太清楼，一置秘阁。自熙宁以来，搜访补葺，至是为盛矣。始太祖、太宗、真宗三朝，次仁英两朝，至仁哲徽钦四朝，最其当时之目，为部六千七百有五，为卷七万三千八百七十有七焉。迨夫靖康之难，而宣和馆阁之储，荡然靡遗。高宗移跸临安，乃建秘书省于国史院之右，搜访遗阙，屡优献书之赏,于是四方之藏,稍稍复出,而馆阁日益富矣。当时类次书目得四万四千四百八十六卷,至宁宗时又得一万四千九百四十三卷,视崇文总目又有加焉。辽金北起,文献凋零,辽太宗取晋图籍、历象、石经而北去。兴宗时编纂史书,道宗时诏求乾文阁所阙经籍,命诸儒臣校雠。金太祖以宋图书与大军北还。章宗诏求遗书,置宏文院,译写经书。泰和元年广搜藏书之家,有珍惜不愿送官者,为誊写毕复还之,仍量给其值之半。定秘书二人,为掌经籍之官。是辽金虽起自漠北,而入关以来,亦知搜求典籍,以文其化之陋也。胡元蹶起,奄有中夏。世祖改经籍所为宏文院,徙平阳经籍所于京师,括江南诸郡书板及临安秘书省书籍,诏取杭州等处书籍板刻至京师。文宗立艺林库,专一收贮书籍。逮有明洪武元年,大将军徐达入元都,收图籍,致南京。复诏求四方异书,设秘书监以掌之。永乐时,文渊阁藏书有缺略者,召礼部尚书郑锡,令择通知典籍者四出购求。且曰:书籍不可较价值,惟其所欲与之。更谕翰林侍读学士解缙等曰:

> 天下古今事物,散载诸书,篇帙浩穰,不易检阅。朕欲悉采各书所载事物类聚之,而统之以韵,庶几考索之便,如探囊取物。尔尝观韵府、回溪二书,事虽有统,而采摘不广,纪载太略。尔等其如朕意,凡书契以来,经史子集百家之书,至于天文地志阴阳医卜僧道技艺之言,备辑为一书,毋厌浩繁。

二年十一月解缙等进所纂录韵书,赐名《文献大成》。上览所进书,尚多未备。复命太子少保姚广孝、刑部侍郎刘季篪与解缙重修。另以王景等五人为总裁,邹辑等二十一人副之。又命礼部简中外官及四方宿学老儒有文学者充纂修。简国子监及在外郡县学能书生员缮写开馆于文渊阁,命光禄寺给朝暮膳,与其事者凡二千一百六十九人。五年十一月进呈,改名曰《永乐大典》。贮之文楼,世庙甚爱之。凡有疑按韵索览。三殿灾,命左右趣登文楼出之。夜中传谕三四次,遂得不毁。又明年重录一部贮他所,国桢所谓重录本,即翰林院所贮。乃不言翰林而言他所,是初写时本藏大内,清朝乃移于翰林院,后移贮于文华殿。庚子一役,除大半流散他国外,京师图书馆尚保有之,然总数不满百册,曷胜痛惜。此虽无关于图书馆之沿革,然为有明一代之巨制,天壤间罕见之书,于吾国文化至关重要,故并述之。十九年命陈循将南内文渊阁书,各取一部至京,计取书一百柜,载以十艘。又遣官四出购买,故阁中所积书,计二万余部,近百万卷。刻本十三,抄本十七,蓄积之富,前古所无也。清时特将宋金元明等板书籍藏于乾清宫东之昭仁殿,御题曰天禄琳琅,命侍臣辑天禄琳琅书目。珍藏之别,宋金板用锦函,元板用青绢函,明板用褐色绢函。至乾隆三十七年开四库全书馆,征求天下书籍,历十年而成,计三万六千二百七十五册,一千二百八十二部,七万六千七百五十七卷。缮写全书四分,建文渊阁于清宫,文溯阁于奉天,文源阁于圆明园,文津阁于热河行宫,以藏之。又以江浙为人文渊薮,缮写全书三分,分庋于扬州大观堂之文汇阁,镇江金山寺之文宗阁,杭州圣因寺行宫之文澜阁。谕士民有愿读中秘书者,许其赴阁检视钞录,俾资搜讨。并谕有司不得勒阻留难,是又由儒臣阅览而进及于士庶矣。咸丰间英法联军入京,圆明园毁,而文源阁同归于烬。迄洪羊倡乱,文汇、文宗、文澜三阁相继沦亡。惟文澜阁之书,事平后经杭人丁丙搜集遗佚,幸得三分之二。清末渐兴新政,民智日开。光绪三十一年湖南始有公立图书馆之倡,天津南京继之。宣统元年复有人奏请将文津阁之四库全书及内阁翰林院图书,设一大图书馆于京师以藏之。嗣学部颁图书馆制,而保定、山东、河南、陕西、广东、吉林、黑龙江、浙江、广西、苏州等处,次第设立。辛亥鼎革,类多停顿。民国四年教育部公布通俗图书馆规程(见本章附一)、图书馆规程(见本章附二)。而各省旧设图书馆颇渐恢复,通俗图书馆亦有设立者。惜因经费困难,无所发展。然社会热心教育之士,能明于图书馆之需要而提倡进行,颇不乏人。如梁任公氏为纪念蔡公松坡而设松坡图书馆。上海聂云台氏为增进商人之知识而设商业图书馆。齐抚万氏遵父命捐资十五万元建设东南大学图书馆,东大即以其父名名之,曰孟芳图书馆,志嘉惠也。苏州悉尊铭捐资建苏州图书馆。云南东大陆主人以家藏图籍及古玩书画建东陆图书馆。此皆最著者也。至教育团体又有改进图书馆事业之计划，如第九届省教育会联合会有呈请教育部并函达各省区搜集古籍，以保存国粹案；学校图书馆图书购置费应于预算案内列为专项，不得挪用案；提倡设立公共图书馆与巡回文库案之议决。中华教育改进社图书馆教育组历届年会讨论案件，议决者计十有八（见本章附三）。其建议各地方设立图书馆协会一案，刻依进行者有北京、天津、杭州、上海、江苏、南京、河南等处。自此观之，吾国图书馆界未尝不有蒸蒸日上之象。然与欧美相较，则英法各国文化基于希腊罗马。当纪元前七世纪叙里亚有王宫图书馆，卡底亚、巴比伦尼亚亦有同一之设施，埃及铁牌之阿斯曼底亚图书馆、亚历山大图书馆，均为西史上之有价值者也。考第七世纪适当吾国周时，而吾国此时已有典藏之职矣，且其目的亦重保藏。观夫图书馆之名字，英文为 library，法文为 librairie，皆本于拉丁之 librairius，其意即藏书之库，亦与吾国古时之藏书无殊也。至近百年间，欧美教育人士提倡推广，发达之速，令人望尘莫及。虽以日本后进之国，而统计有一千五百八十余所。若吾国总数不过得日本四分之一耳，更遑论英美德法乎。

至吾国私家所藏，观晋太康间汲郡人于古冢发现竹书数十车，年代姓氏不可考，则由来久矣。五代罗绍威聚书数万卷，开馆以延四方之士，是为私立公开之嚆矢。南唐有赵彦之澄心堂，宋有尤袤之遂初堂，此皆最著者也。逮至明季，藏者更盛。为世所称道者，常熟毛子晋之汲古阁，藏书八万四千册，四方观书者轴轳衔接二十余里，可谓盛矣。其次鄞县范钦之天一阁，藏书五万余卷，惟立法颇严，观书不易。至钮氏世学楼、祁氏澹生堂、黄氏千顷堂、钱氏绛云楼、遵王述古堂，亦皆声闻南北者也。入乎清朝，更屈指难数。康熙时北平有孙退谷之万卷楼，桐乡金星轺之文瑞楼，曹秋岳之静惕堂，朱竹垞之曝书亭等等。乾嘉以来，首推归安陆心源之皕宋楼，次则钱唐丁松生之八千卷楼，吴县黄丕烈之士礼居，常熟瞿氏之铁琴铜剑楼，聊城杨绍和之海源阁，丰顺丁日昌之持静斋，近时江阴缪筱珊之艺风堂，皆以藏书名者，而其意大都以保存古籍为职志。然今所存者仅范氏之天一阁，瞿氏之铁琴铜剑楼。至皕宋楼之书，后嗣鬻于日本，使古芬归于异域，尤为足惜。盖私人力量既随家业为转移，兴衰隆替，事理之常，安有长久之道。其能为暂时之保存者，使非善读书之后嗣，亦深闭固扃，徒饱蠹鱼之腹而已。惟丁氏以善本书室之书，归之江苏省立第一图书馆，化私为公，惠及士林，其书永在，藏者之精神亦可以不朽。今之藏书者，尚不乏人，若能思及之，则图书有其效用，心力不为徒费，而裨助于社会文化之功至巨也。

附一　通俗图书馆规程

第一条　　各省治县治应设通俗图书馆储集各种通俗图书供公众之阅览
　　　　　各自治区得视地方情形设置之
　　　　　私人或公共团体公私学校及工场得设立通俗图书馆

第二条　　通俗图书馆之名称适用图书馆第三条之规定
　　　　　各自治区设立之通俗图书馆称为某自治区公立通俗图书馆

第三条　　通俗图书馆有设立及变更或废撤时依图书馆第四条之规定分别
　　　　　具报

第四条　　通俗图书馆得设主任一人馆员若干人
　　　　　通俗图书馆主任员应照图书馆第五条之规定分别具报

第五条　　公立通俗图书馆主任员之任职服务俸给等事项准各公署委任掾
　　　　　属之规定

第六条　　公立通俗图书馆之经费预算适用图书馆第八条之规定公立学校
　　　　　工场附设通俗图书馆之经费列入主管学校工场预算之内

第七条　　通俗图书馆不征收阅览费

第八条　　通俗图书馆主任员应于每届年终将办理情形依照图书馆第七条
　　　　　之规定分别具报

第九条　　通俗图书馆得附设公众体育场

第十条　　私人以资财设立或捐助通俗图书馆者由地方长官依照捐资兴学
　　　　　褒奖条例咨陈教育部核明给奖

第十一条　本规程自公布日施行

附二　图书馆规程

第一条　　各省各特别区域应设图书馆储集各种图书供公众之阅览

14

各县得视地方情形设置之

第二条　公立私立各学校公共团体或私人依本规程所规定得设立图书馆

第三条　各县及各特别区域及各县所设之图书馆称公立图书馆公共团体及公私学校所设者称某团体某学校附设图书馆私人所设者称私立图书馆

第四条　公立图书馆应于设置时开具下列事项由主管长官咨报教育部

一名称

二位置

三经费

四书籍卷数

五建筑图式

六章程规则

七开馆时日

私立图书馆应照前项所列各款禀请地方长官核明立案附设之图书馆由主管之团体学校照前项具报于主管长官

关于图书馆之废撤及第一项各款之变更时应照本条之规定分别具报

第五条　图书馆得设馆长一人馆员若干人

图书馆馆长及馆员均于任用时开具履历及任职日期具报于主管公署并转报教育部

第六条　公立图书馆馆长及其他馆员关于任职服务俸给等事项准各公署所属教育职员之规定

第七条　图书馆馆员每届年终应将办理情形报告于主管公署列入地方学事年报

附设之图书馆报告主管之团体学校转报于主管公署

第八条　公立图书馆之经费应于会计年度开始之前由主管公署列入预算具报于教育部

公立学校附设图书馆之经费列入主管学校预算之内

第九条　　图书馆得酌收阅览费

第十条　　私人以资财设立或捐助图书馆者由地方长官依照捐资兴学褒奖
　　　　　条例咨陈教育部核明给奖

第十一条　本规程自公布日施行

附三　中华教育改进社第一届年会图书馆教育组议决案

一　各校应添设教导用图书方法案

二　中国师范学校及高等师范应增设图书馆管理科案

三　呈请教育部推广学校图书馆案

四　拟呈请教育部通咨各省省长转饬各教育厅长除省会内必须建设省立图
　　书馆外凡所属之重要商埠（上海汉口等处）亦有图书馆之建设案

五　拟呈请教育部会同财政部筹拨相当款项建设京师国立图书馆案

六　凡著作家出版书籍欲巩固版权须经部审查备案注册者宜将其出版书籍
　　尽两部义务一存教育部备案一存国立图书馆以供众览案

七　各市区小学校应就近联合于校内创设巡回儿童图书馆以补充教室内之
　　教育案

八　请中华教育改进社组织图书馆教育研究委员会案

　　以上各案理由及办法见新教育杂志第五卷第三期第五五五页至五六一
页

第二届年会议决案

一　呈请中华教育改进社转请政府及美国政府以美国将要退还之庚子赔款
　　三分之一作为扩充中国图书馆案

16

二　省立图书馆应征集省县志书及善本书籍案

三　请中华教育改进社转请全国各公立图书馆将所藏善本及一切书籍严加整理布置酌量开放免除收费案

四　组织各地方图书馆协会案

五　请中华教育改进社备函向国内各大图书公司接洽凡各地学校公立及私立公开之图书馆赠书应与相当折扣案

以上各案理由及办法见新教育杂志第七卷第二三期第三〇四页至第三一〇页

第三届年会议决案

一　请中华教育改进社转请部省凡公立图书馆应一律免除券资案

二　刊行图书馆学季报案

三　各省公立图书馆得附设古物陈列所案

四　请本社转请教育部及各省教育厅于留学科内添设图书馆教育科案

五　各省宜酌设农村图书馆案

第四章　图书馆之种类

在昔藏书虽有公私之别，然仅以收罗宏富相夸尚，视为珍秘，不能广其利于社会，性质属一，无种类之可言。逮至近世，图书馆学术日昌，咸认为与社会教育至关重要，故应种种之需，而有种种之别。兹分述如下。

就阅览人程度而别之。

（一）儿童图书馆

（甲）起源　通常人咸谓起于一九〇〇年美国泼洛克林公共图书馆（Brooklyn public library）之儿童阅书室，但据巴斯威克（Arthur E. Bostwick）所考证，在一八八五年汉那威女士（Miss Emily S. Hanaway）已于纽约城中设立儿童阅览室，次年城中又有独立儿童图书馆之设立。特在一九〇〇年以后，办法始臻完善，人始觉其重要耳。

（乙）原因　儿童与成人志趣不同，以天真烂漫之儿童，与好学不倦之成人同居一图书馆阅览室中，双方咸感不便。在儿童不免因而守拘束，减少兴味。在成人不免嫌其喧扰，有妨研究。且儿童与成人程度之深浅，心理之好恶，不能一致。则图书馆之目的与办法，不能无各殊之点，故应另设儿童图书馆。若有所限，而不能另设者，图书馆阅览室，成人与儿童亦须隔离。

（丙）目的

（1）发展儿童本能。

（2）养成自修之习惯，高尚之人格。

（丁）办理要项

（1）除为节省经济与管理而附设通俗图书馆者外，如另行建筑，当接近都市而无尘嚣之扰，儿童往来便利者为宜。

（2）书籍一一排列，使儿童可以随便取阅。

（3）陈列书籍之册数，必须三倍于室中收容之人数。如册数过多，儿童势必滥读。

（4）陈列书籍宜按期更换，如第一日童话，第二日历史等等。此可使儿童目所接触，不厌陈腐，以动其好奇之心，而有欢欣鼓舞之意。

（5）遇纪念日，陈列有关系之图书，使了解其情形，以激发其志气。

（6）馆内陈设须华丽，并张有益身心之图画标本等，惟须适合儿童心理。

（7）备布告牌，揭示有关儿童对于社会应知之事项。

（8）时开谈话会，使儿童对于图书馆生亲善之感情，藉唤起其读书兴趣。

（9）平日或讲演故事，或开幻灯，或启留声机，以资娱乐，而导其来馆。

（二）普通图书馆

（甲）起源　英国于一八五二年设普通图书馆于满谦斯脱（Manchester），为最初之普通图书馆。越二年，德国柏林初设此种图书馆。其后各邦又继设立，此为今日普通图书馆之滥觞也。

（乙）原因　吾人试观社会上能有读书之机会者，为数实寡，其不能有读书之机会者，岂可不设法补救之乎。且一般人终日服务，暇时每藉不正当之游戏，以作消遣，养成不良之习惯，岂可不设法陶冶之乎。斯二问题解决之法固有多端，而图书馆实为最善者之一，自不待言。

（丙）目的

（1）使一般国民解读书之兴趣。

（2）启发一般国民之道德智识。

（3）使一般人得有终身继续修学之机会。

（丁）办理要项

（1）管理员须先明本图书馆之性质，次视购书费之多寡与阅览人之需要。如商人之设商店，须先认明其店系何种类，次估资本之多寡与顾客之需要者然。苟明此旨，则办何种图书馆，即购备何种图书。普通图书馆当购备普通应用图书，此不言而明也。次之购置图书费之多寡，与商店资本之大小，事同一例。资本小者宜少铺张，多购物品。而普通图书馆亦当以廉价选购图书，毋购置稀贵之书，以致不能适应一般人之需要也。

（2）普通图书馆以推行教育于群众，养成一般人读书之趣味为主。然欲推行及于群众，必赖广告，亦与商店经营广告，以惹起人之注意相似，惟较商店稍难耳。盖措辞恶俗，易招反感，宜留意也。广告之法，除登本地报纸外，并须张贴通衢，使群众共见之。馆内又须时开展览会或讲演会，晚间则用幻灯讲演，使阅览人日与图书馆亲昵，此亦图书馆当注意之事也。

（三）专门图书馆

（甲）原因　凡学者欲发明一种专门学术，当其研究时，必赖图书参考。但应付此需要，应广储有关于所研究专门学术之图书，然非普通图书馆力所能及，故非专设不可。

（乙）目的　主搜集专门之图书，以供科学家、思想家、艺术家之研求。

（丙）办理要项

（1）应设于一种学术或一种事业之中心点，如上海为吾国商业之中心，故应有商业图书馆之设是也。

（2）一种学术之书籍，应当力求完备。如商业图书馆，凡关于商业图书，无论古今中外，均应购备。

（3）有关学术之资料，应采取保存。如商业图书馆，则关于商业之报告小册，以及杂志报章上有关商业之新论著等,均应采集保存之。

依经费来源而别之。

(一)国立图书馆

储备个人所不能搜集及价值奇昂之书,以供众览,裨国家之文化。故号为文明国者,无不有国立图书馆也。今英国之博物院、法国之国立图书馆、德国之王立图书馆、美国之国会图书馆,皆其最著也。莫不以搜集本国古今之图书而兼及他国者,或陈列之,以便全国人民之研究;或保存之,使后人得以征文考献。用意至深远矣。至其事业:

(1)帮助地方图书馆之组织。

(2)保护板权。

(3)访求秘籍。

(4)编辑书评。

(5)刊印书目。

(6)交换书籍。

(7)答复问题。

(8)供专门之参考。

(二)省立图书馆　经费由省款支付。而其事业:

(1)刊布省教育及农工商业之研究报告,赠与各学校、各图书馆、各机关,使得互相讨论,以资改进。

(2)指导小图书馆之组织及进行事宜。

(3)办理巡回文库,以辅助城乡镇图书馆设备之不逮。

（4）扶助所属各县图书馆选购图书。

（5）供给他图书馆不能供给之图书，或以邮传寄，或专人送达。

（6）除编印普通目录外，并就地方事业之需要，择印相当之参考书目。

（7）辅助所属各县图书馆，解决行政上之问题。

（8）以电报电话或书信答复一切所询之问题。

（9）为阅读者采取关于学术上应用之资料。

（10）征集地方文献及有关行政之资料，以供议会或官厅为进行事务之参考。

（三）县立图书馆　经费由县款支付，其性质介于普通图书馆与省立图书馆之间。

（四）公共机关或团体所设图书馆　经费由公共机关或团体支付，如上海总商会图书馆、省教育会图书馆等。

（五）私立图书馆　由私人捐款维持，如无锡大公图书馆是也。

（六）学校图书馆　由学校经费拨付。此种图书馆系依学校之程度而差异，其性质重在应乎教员与学生之参考。

就阅览规定而别之。

（一）无限制图书馆　任人阅览。

（二）有限制图书馆　须具有资格者。

就施行方法而别之。

（一）固定的图书馆　此种图书馆有一定之地点，阅览须亲自来馆。

（二）流动的图书馆　此种图书馆系用一种方法，将各种图书输送各地，供人阅览，即谓之巡回文库。

巡回文库之办法，参酌欧美成规，按用免费主义。于各县立图书馆内附设巡回文库办事处，经理各市乡巡回文库事宜。即以馆员为支配员，以馆内图书为巡回图书。至巡回文库有如下之别：

（1）学校巡回文库　阅览时间于课后及星期日行之，以校员为管理。

（2）会所巡回文库　市乡之自治公所及其他团体机关附设之，公举相当人员为管理。

（3）寺院巡回文库　无论何种庙宇，皆可附设。举诚实可恃之教徒为管理，由公共团体机关监督之。

（4）茶肆巡回文库　以店主为管理，取书时须有保证人，无保证人，当照书价缴二分之一以上保证金。

（5）家庭巡回文库　择一村之稍具品学，并饶闲屋之人家设之。以其家主为管理，近邻人家得订极简单之规约借阅之。

其在一市乡巡回留阅之期限，以一市乡人口之多寡酌定之。

民国十一年中华教育改进社又有各市区小学校应就

近联合于校内创设巡回儿童图书馆,以补充教室内教育之议决案。兹将原案附录于下以供参考。

理由

(1)读书习惯及用参考书之习惯,均宜自幼养成。

(2)可供给适合儿童个性之读物。

(3)可资儿童课外之正当消遣。

办法

各市区小学之地点相近者,宜结合为一团体,购置适合儿童之图书,分为数份,更番轮置于此诸小学中,以备学生阅览。其经费可由此各小学校筹拨若干,以为开办费。嗣后每年酌摊经常费三五元,即可敷添置书籍之用。而此种办法仅为目前教育经费困难时之一种,若照常理言,各学校皆宜自有其图书馆,另立办法。

备注

凡加入此团体各小学校之职教员,均负保管其校内所陈列图书之责。

第五章　创设与经费

图书馆之设有供专门参考者，有为通俗教育者，有为辅助教学者，种种不一。然创办动机，或鉴于需要，或为纪念国家盛典。与夫伟人功业，要之，当创始时应组织一筹备委员会，主持一切进行事宜，兼收集思广益之效。委员人数须斟酌需要定之。至资格一节，当以具有图书馆经验者为宜。因图书馆为专门事业，若委之无经验者，非但耗费金钱，不获效益，且后继者亦无改进之方，是乃始基不可不慎。关于建筑，除内部由图书家支配外，其方法则非建筑家莫属，故委员中应以具有建筑工程经验者居之。其他筹募捐款、宣传功用，尤赖各方之赞助。故凡热心公益之士，以及地方公正领袖，均应请加入。惟创始时首应筹画者，经费也。非独创办费须筹画，即经常费亦须兼顾。无创办费固不能成立，有创办费而无经常费，则虽成立，亦等虚设。即使有经常费，而仍不充足，亦无发达之望。故经费一层，实为至要。研究其来源，则有下列点：

26

（一）私人捐助

吾国际兹库空如洗之秋，学校教育维持已属不易，更有何力顾及图书馆乎。政府既不可恃，则惟有国民自合群力以图之，其要点即在募捐。募捐之道有二，一赖舆论之宣传，一仰热心教育者之劝诱。至捐助之件，田地房产，金钱图书，均无不可。要以直接可供应用，间接得以藉为基金。考美国图书馆发达之因，即基于私人捐助。观一九二二年私人捐助图书馆之现金，及已估价房产书籍，总数为四百二十六万五千二百零八元，已可概见矣。按吾国素重遗产，子孙因以依赖性成。不独未能光前，亦未可裕后也。莫若以遗产捐之图书馆，既使社会蒙泽，子孙获益，而己身亦留盛德于不朽也。再亲友婚丧喜庆，例须馈礼，何妨将此礼金购置图书，以亲友名义赠送图书馆，即以图书馆之谢书作为礼券，既嘉惠于士林，而亦为亲友留不朽之纪念，诚劝捐之佳法也。但图书馆对于捐助人，亦应有以表彰其高谊。兹略举其法如下：

（1）以赠者之名名馆或室。

（2）为赠者立全身或半身铜像。

（3）将赠者肖像悬诸馆内。

（4）将赠者姓名镌于铜牌或勒于碑。

（5）将赠者肖像刊贴于书内。

（6）将赠者姓名书于书内。

究应实用何项，须视所捐之款或书数以定之。但捐款有自动者,有劝募者,则劝募人之高谊,亦当有以酬之。或赠银爵、银盾,或赠绣旗,或镌于铜,或勒于石,或附列姓名于书内,各随其募得之数量以定之可也。此种捐款,公立图书馆既藉以扩充,而私立者尤赖以成立。惟私立者于创始时首当筹募基金,存储生息,庶可以维永远也。

（二）公款指拨

公款指拨者,一馆之经费系由主管官厅在公款项下拨付,如国立者由国库支付,省立者由省库支付等是也。但亦就本地之捐税而指定一种,以为一馆之经费者。观十三年全国教育展览会图书馆统计,其经费来源,有为洋纱公益捐、牲畜经纪捐、船捐、戏捐、乐捐、棉花捐、宣惠河捐、亩捐、车牌捐、纸烟捐、土产项下附加税、筵席捐等。又有来自租金者,如洲租、房租、地租(学宫地租、城河地租、地皮租)。其他尚有由教育局附设购书局盈余项下拨给,有由田租及租赋过期加息项下拨给,有由工赈余款及买典不动产登记费项下拨给等等之分。惟由官厅指拨之款,每年须开列预算,由主管行政官厅交与同级议会通过之。此制之弊即最后之决定权操于议会,苟议会不知图书馆之重要,或与行政官厅政策冲突时,往往任意削减,致图书馆不获按计画以进行。故为保图书馆之安全,因而有直接征收图书馆税之倡。

（三）直接征税

直接征税者,即于人民应纳之税中附加若干,以为图书

28

馆之经常费也,此即图书馆特税也。美国已有数州行之,在吾国虽未之闻,然吾国为办学校而由田赋附加学捐,即其例也。此种制度较之由官厅指拨者为优,盖此项税款系经法律规定,专为图书馆之用,故可多得一层保障也。

其他尚有合资设立之图书馆,而以券资充维持费者。近美国图书馆又有以罚金充维持费者,于此可觇其阅览人之踊跃也。

经费之支配有二。

(一)创办费

(甲)量出为入者　默察此一地方之人口若干而据以为设馆之标准,但此标准有二:若为供所在地附近人之阅览,则一与五比;若为供管辖区域全体阅览,则为一与一〇比。据此则十万人口之地方,所设图书馆书数以二万至五万册始可适合。故为预计将来藏书至若何限度,供给若干人阅览,而定用费几何。

(乙)量入为出者　就已有之款分配各项费用。兹列表于下以明之。

创办费总额	建筑费	设备费	图书费	事务费
500 元	300 元	100 元	50 元	50 元
1000	600	200	100	100
5000	3000	1000	500	500
10000	6000	2000	1000	1000
50000	35000	7000	5000	3000
100000	70000	10000	8000	12000
150000	100000	25000	10000	15000
200000	140000	30000	12000	18000

（二）经常费

兹将支配经常费之百分比附列于后,亦可窥见一斑。

岁入总额	图书及装订	杂志及报章	薪俸	租税	其他各项费用	总计
1000 元 - 1000 以上	19.93%	6.37%	39.22%	2.03%	32.43%	99.98%
750 - 1000	25.40	7.95	44.16	3.16	19.29	99.97
500 - 750	20.31	9.98	45.49	3.86	20.23	99.97
400 - 500	18.48	10.07	40.90	5.81	24.60	99.86
300 - 400	15.90	12.31	46.91	2.90	21.90	99.92
200 - 300	17.13	13.25	42.98	4.00	22.61	99.97
100 - 20	16.20	15.66	45.10	2.54	20.47	99.97
50 - 100	20.16	15.82	34.29	5.68	24.02	99.97
50 以下	28.65	21.85	38.46	2.26	10.75	99.97

经常费支出可大别之为薪俸、图书、杂支三项。薪俸为经常费最重要之一项,馆员之选任及于图书馆运用效果之良否,甚有关系,另编已详之。其薪俸自不宜菲薄,或有欲于馆员薄其俸给,而移其款购置图书,以为可充实图书馆之内容,实误谬之观察也。图书费含有图书、报

章、杂志及修理装订等项杂支费,所含细目甚多。其费之多少与图书馆事业之范围,成正比例。故杂支预算,亦不宜过少。

第六章　建筑与设备

（甲）建筑

（一）馆地之选择　以闲静轩爽交通便利为宜，若邻于工厂市场等处，声音喧扰，有妨人之阅览。若远在偏僻之区，则阅览人往来不便。

（二）馆地之面积　馆地之面积虽因设馆之情形而殊，然四周总宜多留余地，以备将来之扩张。

（三）建筑方位　建筑位置以空旷高燥为要，欲期达此目的，则视乎东南西北方位之若何。

（1）东位　东位宜开广，则受旭日之映射必丰。而朝暾融和，阳气清爽，自合卫生。

（2）南位　南位同东位，开展而无遮阻，则室内温和，光线亦多。且值梅雨之际，易促干燥。

（3）西位　西位与东位相反，须防夕阳之直射，故于相当距离种植树木。

（4）北位　冬享北风凛烈；北向之屋适当其冲，故一二百尺外以能有丘林最佳。

由此观之,故以东南向为最合宜,南向次之,西向更次之,北向最为不宜。

(四)建筑计画

(1)应注意之事项

①须坚固。

②须适用。

③须美观。

④须合卫生。

⑤须就各部事业之范围而计画。

⑥先从内部之配合,然后及于外部。

⑦当预计将来之发展。

(2)馆舍之形式与配置 馆舍形式种类甚多,要以适于管理为宜。兹采择欧美陈式列图说明,以供参考。

第一图

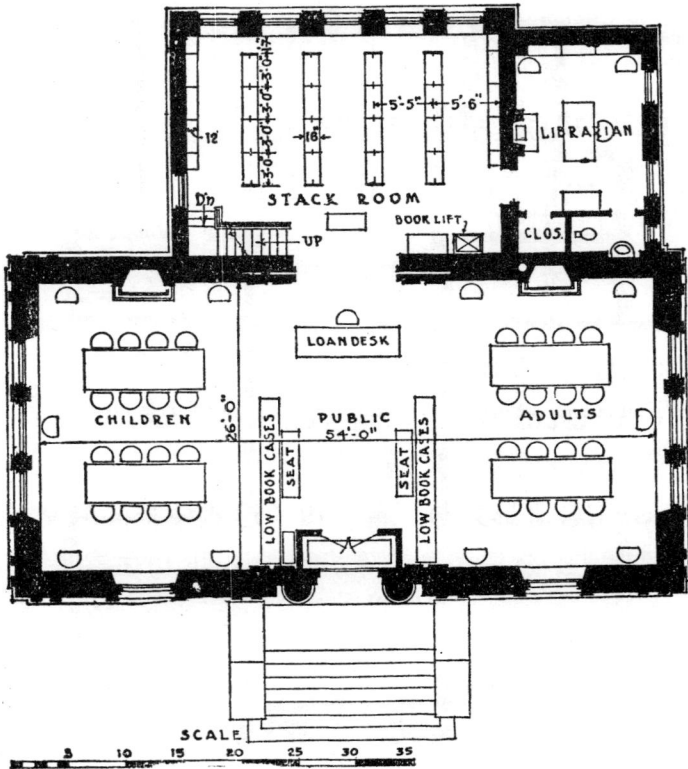

Scale	比例尺	D'n	下
Seat	坐位	Up	上
Low book cases	低书橱	Book lift	传书机
Public	公共阅览处	Clos.	厕所
Loan desk	借书处	Stack room	藏书室
Children	儿童阅览室	Librarian	馆长室
Adults	成人阅览处		

第二图

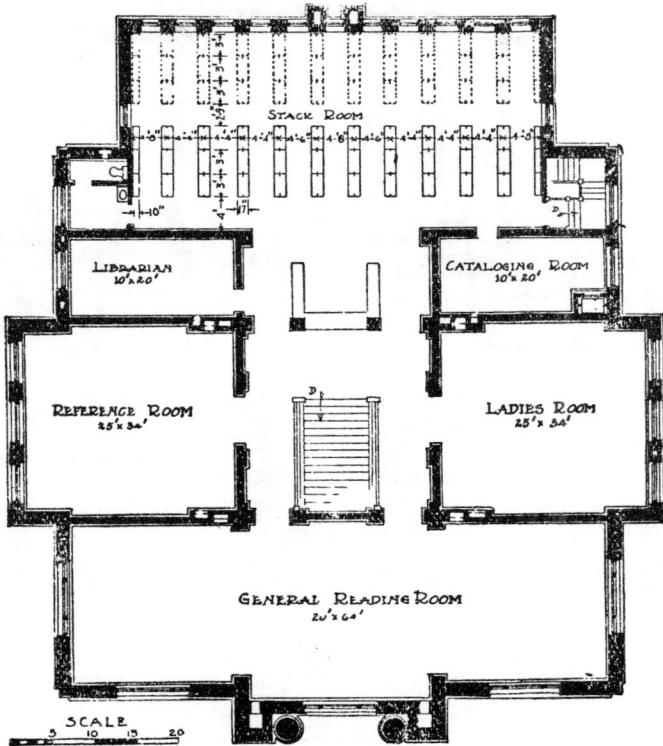

Scale　比例尺

General reading room　普通阅书室

Reference room　参考室

Ladies room　女子阅书室

Librarian　馆长室

Cataloging room　编目室

Stack room　藏书室

D.　下

第三图

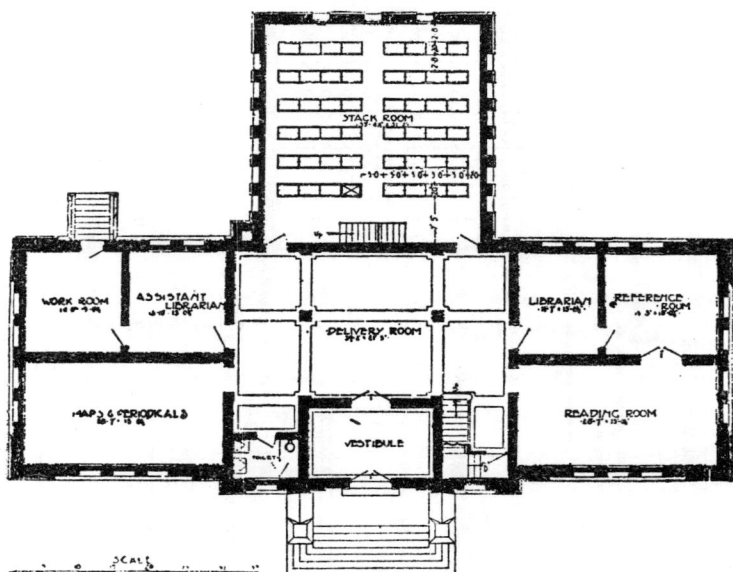

Scale　比例尺

Toilet　厕所

Vestibule　走道

Delivery room　发书室

Maps & Periodicals　地图杂志室

Work room　事务室

Assistant librarian　馆员室

Reading room　阅书室

Librarian　馆长室

Reference room　参考室

Stack room　藏书室

Up　上

D.　下

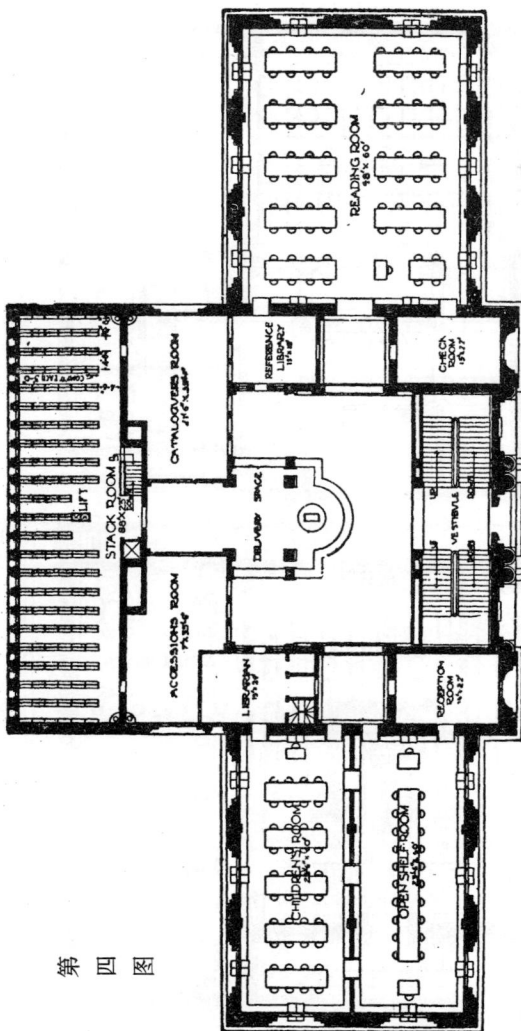

第四图

37

第五图

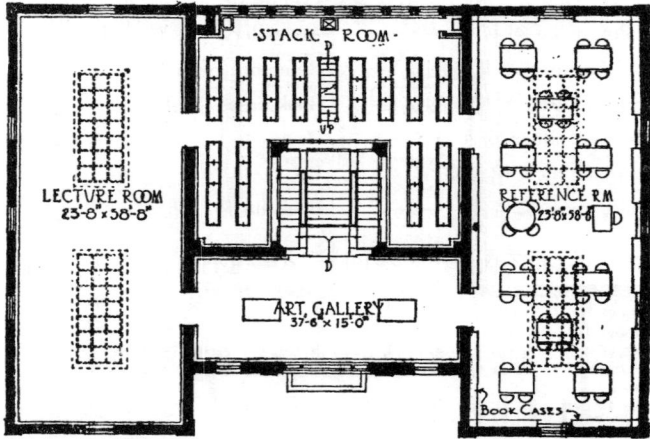

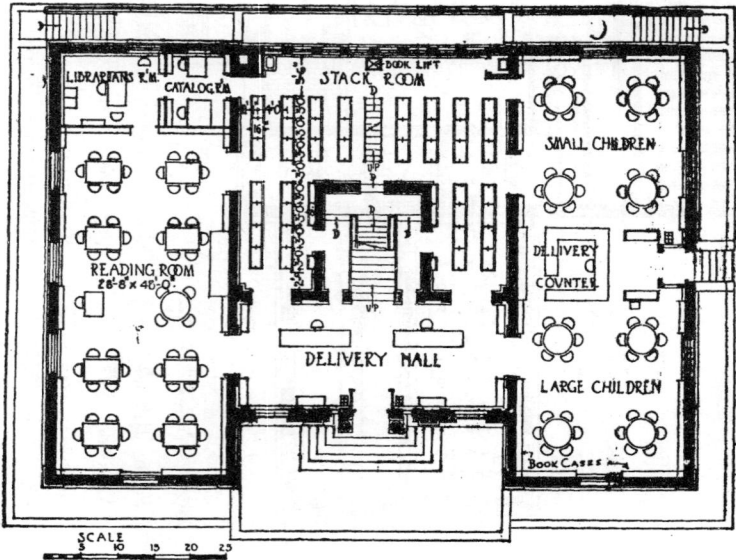

Scale 比例尺　　　　　　　　Stack room 藏书室

Delivery Hall 发书处　　　　　Lecture room 演讲室

Reading room 阅书室　　　　　Art gallery 美术陈列处

Small Children 小儿童阅览室　Reference room 参考室

Large Children 大儿童阅览室　Book cases 书橱

Delivery counter 发书柜　　　D. 下

Librarians room 馆长室　　　　Up 上

Catalog room 编目室　　　　　Book lift 传书机

（3）各部之配置　要而言之,约有三部:①书库,②阅览室,③办事室。

①书库　此乃馆中最重要之一部。建筑上:

1）预计藏书数之多寡。

2）须能避火险。

3）防潮湿尘埃及日光直射。

4）经济地位须量书架之高度与距离。

5）便于图书之传递。

②阅览室　有阅书室、杂志报章室、参考室等。

③办事室　有馆长室、购书室、编目室、会议室、装订室等。

其他尚有出纳处、目录室、陈列室、洗手处、厕所、夫役等。何大何小,谁有谁无,可视情定之。然便于管理,是为至要。

（五）建筑上之装置

（1）防寒　寒气侵入,足夺室内温度,阅览钞录者,咸多畏缩。故地盘幔板周围窗户等,皆须完密建造,以防寒

39

气。且须装置火炉取暖，惟以蒸汽者为最佳，既可免火患，且暖而不燥也。

（2）防暑　暑中温度太高，人感郁闷，易酿疾病。故屋顶宜高厚，四面多种树木，或设围廊、或搭阴棚，庶可避热。若更装置电风扇，则阅者当倍感快也。

（乙）设备

（一）外部　周围宜多植花树，既得树阴之利，亦增自然之美。

（二）内部　设备甚广，不及备载。兹就图书馆特有之用具，列图说明于次。

（1）书架　书架有铁制木制两种。铁制者可以避火，美国有专制公司可以订购。木制者可按式样订制。而木制者又有单面双面之分，下列者系单面也，每层之板可移动，计高英尺六尺十寸。

第六图

（2）儿童图书馆玻璃书橱　第七图即其式样，计高五十六英寸，宽三十三英寸半，内深九英寸零四分之三，外深十二英寸。

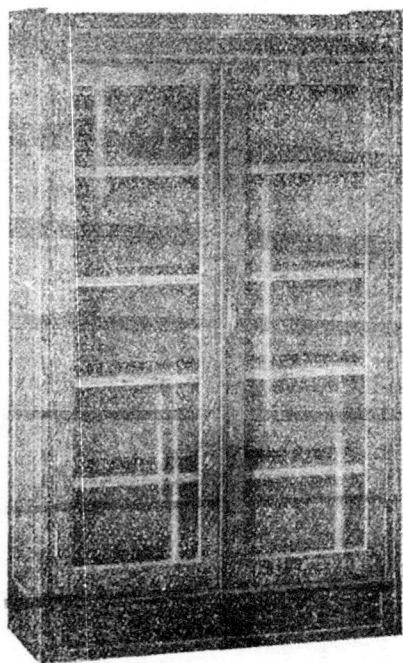

第七图

　　（3）儿童图书馆书架　　第八图为儿童图书馆用双面书架，与普通图书馆用者式样相仿，不过此架之高，为五英尺零二分之一寸也。

第八图

（4）杂志陈列架及贮藏柜　此种架柜，有大小两种。下举之样为一种，小者高六英寸，宽四十七英寸八分之一，深十七英寸四分之一。中部十六抽屉，每屉高三英寸零十六分之七，宽十英寸，内深十三英寸。下部八抽屉，每屉高三英寸零十六分之七，宽二十一英寸八分之一，内深十三英寸。

第九图

（5）杂志架　第十图为普通杂志架,高六十一英寸二
分之一,宽四十二英寸八分之三,深二十一英寸八分之
五,计能容杂志十八份至二十五份。第十一图为儿童杂
志架,高四十二英寸,宽三十六英寸,深十五英寸八分之
五,计能容杂志十份至十五份。

第十图

第十一图

（6）报架　　此架高七十四英寸四分之三,宽三十英寸四分之一,深十四英寸,计容报十份。

第十二图

（7）字典及地图架　字典地图面积,既较通常书籍厚大,为便庋藏与检阅,当有一特殊之架存置。下图即其式也。架面宽三十英寸四分之一,深二十英寸八分之一,前面高三十九英寸二分之一,每层高三英寸,宽二十四英寸,深二十二英寸四分之一。

第十三图

（8）儿童阅图画用斜面桌　此桌面宽十四英寸，长七十八英寸，桌前高二十六英寸。

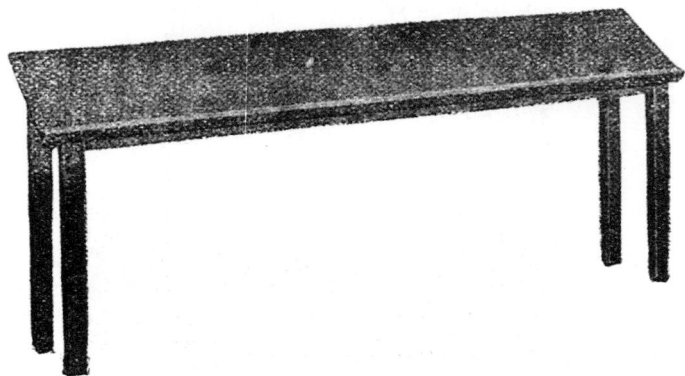

第十四图

（9）借书台　此台高三十九英寸，宽九尺六英寸，深三尺十一英寸零四分之一。

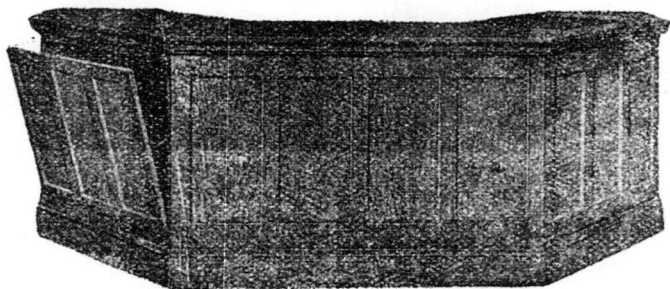

第十五图　外部

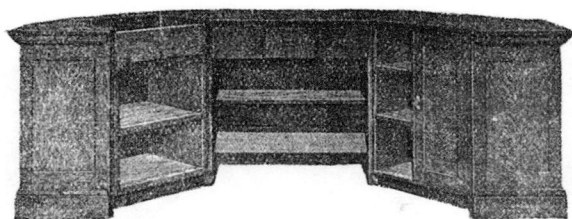

内部

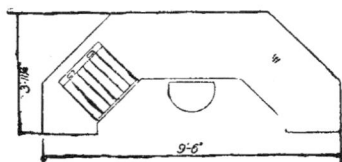

平面图

第十六图

(10)U字式借书台　　此台高三十二英寸二分之一，宽七英寸,深六尺十一英寸零八分之三。

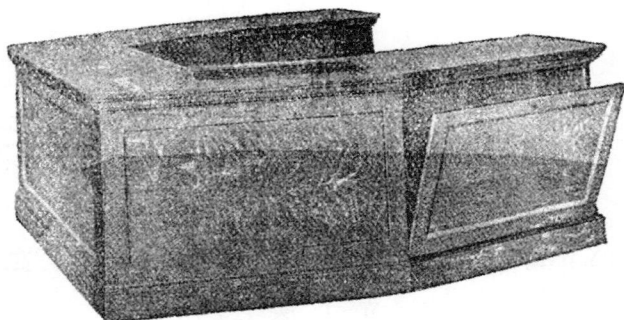

第十七图　外部

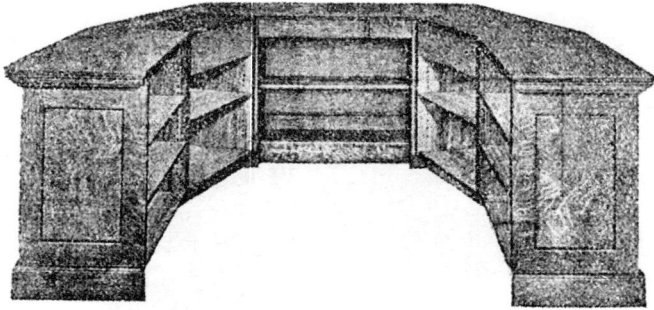

内部

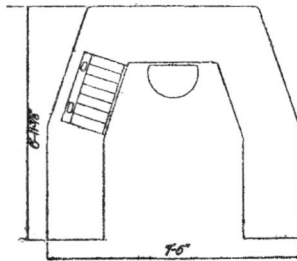

平面图

第十八图

（11）儿童图书馆或乡村图书馆借书台　此台高三十二英寸零二分之一,宽六英寸,深二十八英寸。

内部

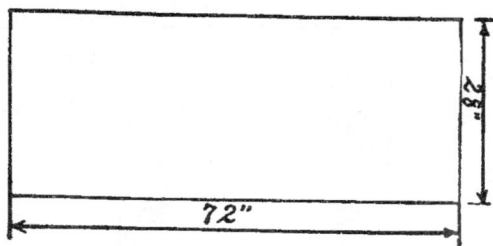

平面图

第十九图

（12）阅书桌　阅书桌式样,不外长圆两种。长者每桌可坐六人,桌面长五英尺,宽三英尺,高与普通桌等。圆者每桌至少可坐四人,此桌面对心有四十二英寸者,有四十八英寸者;高有二十六英寸者,有二十八英寸者不等。

第二十图　长式阅书桌

第二十一图　圆式阅书桌

（13）阅书者坐椅　　此种坐椅,式样颇多。兹择普通所用者,列图于下。

　（甲）椅面　　　　　　（乙）椅底
第二十二图

（14）目录片盒　　此片盒有独个及两联、四联、六联等。兹择两联者说明,其他可以推知。此盒高五英寸,宽十三英寸八分之一,深十三英寸八分之三,内能容目录片一七〇〇张。

第二十三图

（15）目录柜　此柜上部高十九英寸八分之三,宽二十英寸,深十五英寸四分之三,下部高二十六英寸,计有抽屉十五个,能容目录片一六二二五张。

第二十四图

（16）办公桌　　此桌有二，一大一小。大者高三十英寸二分之一，宽三十四英寸，长五十五英寸。小者高与大者同，惟宽则二十六英寸，长则四十二英寸。

第二十五图　　小号办公桌

第二十六图　　大号办公桌

（17）借书台内用椅

第二十七图

（18）文件柜　此柜高五十一英寸八分之三,宽十九英寸十六分之一,外深二十六英寸四分之三。

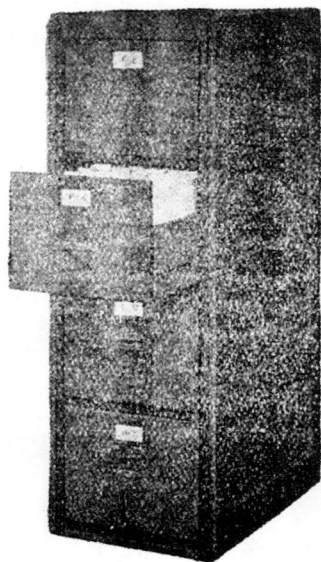

第二十八图

第七章　馆员与职务

图书馆欲求馆务之发展,效率之增进,则选任馆员,分配职务,不容忽视也。兹将馆员资格之标准、分股之统系、任务之纲要、薪俸之报酬、假期之待遇及行政会议委员会之设施等项,分别述之。

(一)资格　图书馆为专门之事业,须有专门之技能与学识,以应付之。

馆长　馆长为全馆之领袖,至少具有经验及下列三项,始可任之。

一处事有断,治事有方。

二精神健全,体态谦和。

三明乎本身之事业为适当之交际。

馆员　馆员须具有图书馆一部分之经验及下列各项,始可任之。

一明乎图书馆之目的。

二希望以图书馆为终身事业。

三处事能敏捷耐劳。

四性情谦和。

（二）分股　图书馆范围之大小不同，其组织亦因而异。大图书馆事繁人众，分部宜多，列表如下：

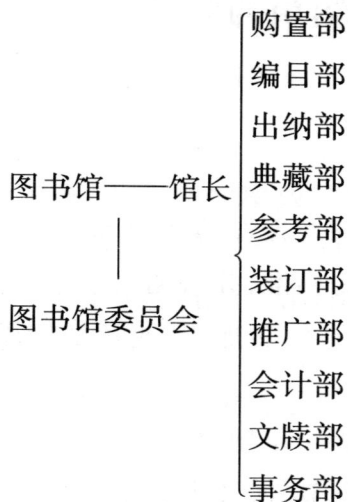

图书馆——馆长
　　　　｜
图书馆委员会

- 购置部
- 编目部
- 出纳部
- 典藏部
- 参考部
- 装订部
- 推广部
- 会计部
- 文牍部
- 事务部

小图书馆以从简为宜，可就事务性质之类似，而依进行之顺序兼并之。

（三）任务

馆长　统理全馆之事务，督率馆员执行职务。每月或每周对馆员为图书馆学术之讲演或讨论问题，以引起其兴味，并注意社会状况，为适应之需要。

购置部　专司图书之选择、购求及登录等事。

编目部　专司中西图书分类、编目等事。

出纳部　专司图书借出、收入等事。

典藏部　专司书库图书之传递、整理及保管等事。

参考部　专司选择参考书及资料,并备阅览者之质疑问难等事。

装订部　专司图书修理装订等事。

推广部　专司馆务之分设及巡回文库等事。

会计部　专司金钱出纳。

事务部　专司全馆庶务。

文牍部　专司公文、函件及报告、编辑等事。

(四)薪金　应以职务为标准,并参酌当地生活情形定之。惟任事有成绩者,应行年功加俸,或特别加俸,以资鼓励。

(五)假期　公立图书馆于星期日宜开放阅览,管理员则轮换休息。除年假纪念节外,几无假期。至学校图书馆,宜根据课程及学历行之。

(六)行政会议　吾国图书馆际兹萌芽时代,无陈例可守,徒步欧美,又未能尽合应用。应设一行政会议,本馆员经验所得,而研究改进之,效果渐著,可预卜也。

(七)委员会　图书馆委员会,由主管机关或倡办人组织之,盖合群策群力益期完美也。其组织要件有四:

资格　具有声誉或学识经验及热心地方公益者。

人数　从三人至七人。

年限　以一年至三年为最适宜,惟须轮换之。

会期　分固定与非固定两种。

委员会主席，以图书馆馆长为宜。

第八章　参考部

图书馆之设参考部，其与普通借阅图书部之差别，即集若干可供参考之图书或资料，以供学者来馆检查考证也。

所谓参考书者，就狭义言，凡为供学者之参考，而非为诵读者是也。就广义言，虽系诵读然能供参考者是也。盖书之为用有二：一须将一书自始至终诵读一过；一为选择书中之一处，以决疑解惑也。然参考书有为普通者、有特别者。所谓普通者，即一书系为公共所需用，如字典、词源、百科全书等是也。所谓特殊者，即一书系为供研究某种学术而用。如演说竞进会举行竞赛，则馆中为备与赛者采取资料，就普通图书中选择其需要参考之书是也。又如教员为某学程，而就普通图书中，指定某书为学生必要参看者，亦是也。但选择此种书时，须明目的所在，而所选之书，对于欲得之知识，以能以捷易之法得之为要，切忌以泛漫者耗读者之光阴。凡指定参考书籍，概不借出。其理由即此种书籍，为一般人所必阅，若被人借出，必使多数人失望也。

惟来馆者,有以何书可得某问题之资料见询,则宜示以参考书目及参考指南。

由是言之,则参考部之职务,有管理书籍、答问读者、置备书目等事。然为收分功之效,分为四股。

一管理股。

二询问股。

三目录股。

四稽考股。

兹将各股职务分述如下:

(一)管理股

本股职务,对于书籍须留意选择,将旧版或过时之书易以新者,或最近出版者。并为普通与特别参考室之支配挂图刻画摄影之陈列、桌椅用具之设备等。对于读者,则负收发指导之责。

(二)询问股

本股职务,即指示利用图书馆之方法。其于个人问话时,尤宜为有系统之答复。惟此种答问,仅关乎应用之参考书,而非为供问者所欲得之事实。此股宜每类设一专员董理其事,如文学、法律、医学、教育等等。然一普通图书馆,不必如此。能有助理数人,能解释馆中目录,指示参考、方法,则亦足矣。

（三）目录股

本股职务,在编制参考书目。此非如普通之书目,乃襄助询问股答复参考问题之目录也。此种目录,有为供学者研究某问题者、有为供教师采集教材者,各视其需要编制可也。

（四）稽考股

本股职务,系答复函询及参考馆员有不能得于参考书之问题,则为之参稽也。故任此职务,非博学之士,不能满求者之望。欧美各国图书馆,待遇此股股员,特别优异者此也。

附录

鉴定百科全书之要点:

（一）著者之学识

(1) 著者是否名誉编辑,抑非名誉编辑,其对于此种学问,有无专门之研究与经验。

(2) 所著是创作抑抄录。

(3) 读音法。

(4) 编辑资料,是通俗抑专门。

(5) 资料是否正确有据。

（二）体裁之分配

紧要论题与非紧要论题是否分配适当。该论题资料之范围,抑限于一地一国者或全世界

64

者。

（三）来源

此种著作是否可以为特殊学校或一学社思
想之表征。

（四）时期

资料新否。

（五）书之内容排列

排列是依字典抑分门别类。

标题索引与目录如何。

论文署名否。

（六）印刷术（版本）

图表、插画、纸料、装订、印工及大小如何。

（七）引用书目

鉴定字典之要点：

（一）著者学识

（1）编辑　是名誉者，抑非名誉者，有无专门之
研究。

（2）著作　是改作抑校订或原著。

（二）字汇

数目及字之种类，是否包括俗语、近世不用
之字或废字、专门名辞、成语略字或减笔字等。

（三）缀法

是守旧,抑革新。

（四）读音法

是发音或重读符号,辨别字音之符号否。

（五）释义

是正确、简易、完全、简略、集合、引证、同意
义否。

（六）字源

直接、索源、移译。

（七）出版日期

版权及印刷日期。

（八）书之制作

形式、纸料、印刷、装订如何。

（九）附点

图表及插画,是有价值的抑敷衍的。

附录或补遗之数目及性质如何。

参考书

中国人名录

中国人名大辞典。　　民国十年商务印书馆出版,价
八元。

此书起自太古,断于清末。依据经史,参考志
乘及私家撰著,各别偏征金石、文字。凡群经重要
人名、上古圣贤、历代帝王诸侯及正史有传之人,

无论贤奸,悉各甄录。即古来匈奴、渤海、回纥、吐蕃、南诏诸人,其国当时境土,皆在中国领域之内,亦并加搜采。本书搜录之人,数逾四万。排列法以辞书通例排比,次序一以第一字画数为准。上二字相同者,则以第三字画数为准,同画则以部相从。其中单姓复姓以·为记,如丁·宽、上官·桀等。其非姓者则不加·。后附有姓氏考略异名表、中国历代纪元表等计一八○八页。

尚友录　二十二卷　廖宾于编。

明万历四十五年。此书以韵为次,按韵而得其姓。以姓为目,按姓而得其人。自中国人名大辞典出,而是书废矣。

万姓统谱　凌迪知编。

是书以韵为纲,按韵而得其姓,以朝代为次,诚为考姓问族之良好参考书也。

The China Who's Who, 1923, Kelly & Walsh Co.

此书名为中国人名录,而所录乃英美德法俄比等国工商教育行政各界之侨居中国人,并附列肖像。全书三一九页,价值中币六元,出版处为上海别发洋行。

中国年鉴

是书第一回出版于中华民国十三年二月,为

商务印书馆所印行,阮湘主任编辑。内容除列土地、人口、政治、军事、财政、金融、交通、水利、农、工、商业、教育、宗教、统计外,而于各种典制沿革,以及近百年状况,加以简要说明,以补统计之不足。并以二十年来中国大事记,以明既往而测将来。附以世界之部以资考镜。全书二一二三页,定价四元。

中华年鉴参考书 China Yearbook, 1923, ed. by H. G. W. Woodhead Tientsin Press

此书专载中国状况,应有尽有,如地理、政治、商实业、教育无不详录,其中统计表解尤极有用。书尾附有中国人名录及索引。全书一二四三页,价国币十元。

Who's Who in China, 2d ed., 1920, Millards Review. 编纂者　M. C. Pawell and H. K. Tong.

此本中国人名大辞典,有最近著名政治家、经济家、商业家及教育家传记,并附列肖像。按该人名传记,已先披露于美勒评论报者,则排列无秩序。此书书尾附有索引,以备检阅。

英国人名录 Who's Who 1923, Black & MacMillan Co.

专载英国名人事略,并附以通讯处。其世界

最著名之人物间亦及之。是书从一八四九年后，即订每年修增一次，现已出至第七五期。内容所述虽简，然均确切可据。人名排列，悉如字典，以字母为序，故检查颇便。全书三〇三八页，价值中币九元。出版处为英国爱美伦。

美国人名录 Who's Who in America, 1923, Marquis Co.

专载美国男女名人事略，计所录者二四二七八人，调查颇为精确。书末并附有人名发音表、地名索引及有关教育之统计。全书三九二六页，价值中币十四元。

世界年鉴 World Almanac, 1923, New York World Co.

是书每年出版一次，现已有三十八年。内载有如社会、工商、政治、经济各种统计表及世界大事记。卷首附有索引，颇便检查。全书八九六页，价值中币七角。出版处为纽约世界书局。

惠德克年鉴 Whitaker's Almanac.

是书为英国年鉴，每年中出版一次。内容以英国及其属地之地方面积、人口、教育、工商、政治等统计最为丰富，然各国要事间亦略述及之。全书一一一〇页，价值中币四元三角。

China and Far East Finance and Commerce Year Book,

Edited by E. J. Dingle and F. L. Pratt, 2d ed., 1921, Far Eastern Geographical Establishment.

此年鉴专载东方经济状况、实业发达情形及统计表甚多。排列以类列之,附有商业人名录。

日本年鉴

专载概况、统计、属地容量表、货币表、历史、地理、人民、政治、农工商等。附有商业人名录、著名会社、日本书目。

侨居人数　东京英文日本年鉴社出版。

索引　每册日金十元。

China Year Book　详见人名录。

以上所列,不过举其一二。他如类书,亦为参考所必需。惟种数甚多,容专述之,兹姑从略。

第九章　选购

图书馆各部事业办理适当与否，固均与图书馆效果之良窳有甚深之影响。然其根本重要者，尤在图书馆之性质不同，则需要之图书各异。设儿童图书馆所备之书，悉为高深者，岂非大谬乎。故关于图书之选购，不可不参详也。兹按各馆性质，分述如下：

国立图书馆　内外古今深浅之图书，均宜兼收并蓄。用资国人学术技艺之研究，而保存本国文化，尤当注重。

专门图书馆　所备书籍，既为供研究一种专门学术而参考，则应就该馆性质，抑工抑商，择其相关之图书，无论新旧，均当置备之。

公立图书馆　此为普通人而设，其范围颇广漠，故选择书籍亦较难。兹将应行注意各项分述之。

（一）使阅者精神愉快，且可获辅助职业上之智识。

（二）能引起公众或个人自然之兴味。

（三）不但顾及现在之需要，且须预计于将来。

（四）经济力所能及，无论何类书籍，均应购备。因来馆阅览者需要不同也。

（五）当研究其有无常久之价值，及合于现用与否。

（六）不但为一二人计，当注意群众之需要。

（七）选择图书不能以馆员之好恶为标准。

（八）各类书籍，应使平均，不能偏于一部。

（九）不应注意购专门者之用书，当及于通用。

（十）察社会情形比较其需要再行订购，并应欢迎人之介绍。若其人具有下列之一项，则所选者，当然较佳。

1. 社会之领袖。

2. 有声誉者。

3. 对于介绍之书具有经验者。此种绍介购书单（如二十九图），应印供取填。

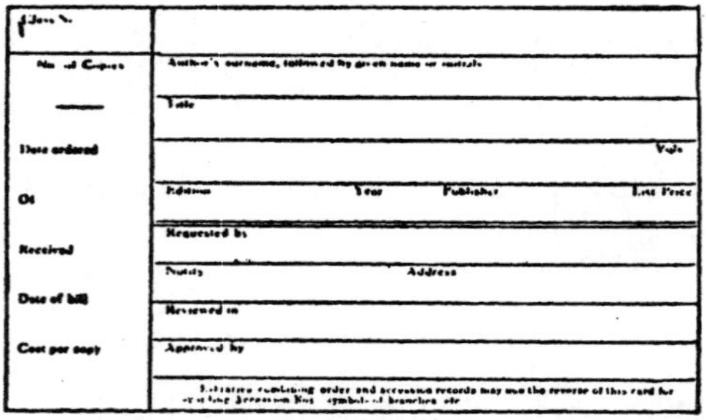
No. of Copies
Date ordered
Of
Received
Date of bill
Cost per copy
Author's surname, followed by given name or initials
Title
Vols
Edition Year Publisher List Price
Requested by
Notify Address
Reviewed in
Approved by

第二十九图

儿童图书馆　当审儿童心理及所处环境，如名人传记、遗事、游记、童话、故事等书，均所必备。图画尤足以引起其兴趣，更不可少。

学校图书馆　学校有大小之分,课程有深浅之别,而一校之中,教者与学者参考又各不同。选购书籍,当就课程需要为标准。

选择既定矣,次及购置之法,一须印行之处所,二须知价格之多寡。

(一)印行之处所　最近译撰新书之发行,上海实为总汇,大公司有商务印书馆与中华书局。其他各省,虽亦有书籍之印行,但为数甚少,且有为商务中华所代售,故采购尚易。普通经史子集等书,有为公家所刊者,有为私人及书坊所刊者。公家则有官书局。

江南书局设在江宁,以重刻汲古阁诸史及文选等为最佳。

淮南书局原在扬州,今并入江南书局。

江苏书局设在苏州,今隶属江苏省立第二图书馆,以胡刻资治通鉴及黎刻古逸丛书为最佳。

浙江书局设在杭州,今隶属于浙江公立图书馆,改其名为浙江公立图书馆附设印行所。书以御纂七经、九通诸子、朱子纲目为最佳。

崇文书局设在武昌,今更名为湖北书局。刻书甚多,价亦低廉。

思贤书局设在长沙,自光复时遭大患,迄未规复。

江西书局设在南昌,书以十三经注疏及纪事本末为最佳。

粤雅书局设在广州,所刻皆考证经史之书,而武英殿聚珍板丛书及全上古三代秦汉六朝文为最佳。

福建书局设在福州。

皇华书局设在济南。

私刻本今之最著者,有兰陵徐乃昌,乌程张石铭氏之适园,南浔刘翰怡氏之嘉业堂,贵池刘世珩氏、董康氏之诵芬室等。

设吾人欲购一书,为现今所印行者,自有目录可以查得其购置处所。但非现今所印行者,则须参阅莫友芝之郘亭知见传本书目、张之洞之书目答问、邵懿辰之四库全书简明目录标注,可以得悉一书经过之版本,及其优劣。若一书不易求之,宋郑渔仲曾论及之,谓求书之道有八:一曰即类以求,二曰旁类以求,三曰因地以求,四曰因家以求,五曰求之公,六曰求之私,七曰因人以求,八曰因代以求。当不一于所求也。

(1)凡星历之书,求之灵台。乐律之书,求之太常乐工。灵台所无,然后访民间之知星历者。太常所无,然后访民间之知音律者。眼目之方,多眼科家或有之。疽疡之方,多外医家或有之。紫堂之书多亡,世有传紫堂之学者。九曜之书多亡,世有传九星之学者。列仙传之类,道藏可求。此之谓即类以求。

(2)凡性命道德之书,可以求之道家。小学文字之书,可以求之释氏。如素履子、元真子、尹子、鹖子之类,

74

道家皆有。如仓颉篇、龙龛手鉴、郭迻音诀图字母之类，释氏皆有。周易之书，多藏于卜筮家。洪范之书，多藏于五行家。且如邢琦周易略例正义，今道藏有之。京房周易飞伏例，卜筮家有之。此之谓旁类以求。

（3）孟少主实录，蜀中必有。王审知传，闽中必有。零陵先贤传，零陵必有。桂阳先贤赞，桂阳必有。京口记者，润州记也。东阳记者，婺州记也。茅山记必见于茅山，观神光圣迹必见于神光寺。如此之类，可因地以求。

（4）钱氏庆系图，可求于忠懿王之家。章氏家谱，可求于申公之后。黄君俞尚书关言虽亡，君俞之家在兴化。王棐春秋讲义虽亡，棐之家在临漳。徐寅文赋，今莆田有之，以其家在莆田。潘佑文集，今长乐有之，以其后居长乐。如此之类，可因家以求。

（5）礼仪之书、祠祀之书、断狱之书、官制之书、版图之书，今官府有不经兵火处，其书必有存者。此之谓求之公。

（6）书不存于秘府，而出于民间者甚多。如漳州吴氏，其家甚微，其官甚卑，然一生文字间，至老不休。故所得之书，多蓬山所无者。兼藏书之家，例有两目录，所以示人者，未尝载异书。若非与人尽诚尽礼，彼肯出其所秘乎。此之谓求之私。

（7）乡人李氏曾守和州，其家或有沈氏之书，前年所进褚方回清慎帖蒙赐百匹两，此则沈家旧物也。乡人陈氏尝为湖北监司,其家或有田氏之书,臣尝见其有荆州田氏目录,若迹其官守,知所由来,容或有焉。此谓因人以求。

(8)胡旦作演圣通论、余靖作三史刊误。此等书卷帙虽多,然流行于一时。实近代之所作书之难求者,为其久远而不可迹也。若出近代人之手,何不可求之有。此谓因代以求。

(二)价格之多寡　求得之矣,价格之标准若何。在新近撰译书籍及各书局翻印旧时书籍,皆有书目可查得之。但其他坊间旧书无书目可备查者,因种种之不同而异其价格,选购者不可不知也。兹条列于下:

1. 视版本纸料者若何

(1)同一书因刊本不同,而异其价格。如竹书纪年一书,有宋元明近代之刊别,则宋元刊本较昂。

(2)同一刊本,因印刷之先后,而异其价格。如一书为初印,笔画自然清晰。若一版经多次之印刷,则后者不免模糊。故初印本,价格较昂。

(3)同一刊本、同一印刷,因纸料之美恶,而异其价格。如百宋一廛赋一书,同为士礼居刊本,而又同为初印,但其纸料一为杭连,一为毛泰。按毛泰纸价较杭连为廉,则用杭连印之书,较用毛泰为昂。

2. 视流传之多寡

(1)同时一人所刊之书,因流传之多寡而异其价格。

如汲古阁刊六十家词与四唐人集，论时代论刻者则皆相同。但四唐人集流传甚稀，故价较六十家词为昂。考其稀少昂贵之原因，据汲古阁刻板存亡考四唐人集下云，相传毛子晋有一孙性嗜茗饮，购得洞庭碧螺春茶，又得庐山玉蟹泉水，独患无美薪。因顾四唐人集板而叹曰：以此作薪煮茶，其味当倍佳也。逐按日劈烧之，故印刷甚少。且此书内唐英歌诗一种，较席氏百家唐诗内所刻字句完全，最为善本，故更贵也。

2. 异时二人所刊之书，因流传之多寡，而异其价格。如以明汲古阁刊津逮秘书与清黄丕烈刊士礼居丛书两相较之，论朝代则津逮秘书为明时刊本，距今已四百六十余年，士礼居丛书为清时嘉庆年刊本，距今不过百余年。而今士礼居丛书较津逮秘书为贵，究其原因，士礼居丛书校印精良，惜未印若干，版即毁去，社会上流传甚稀故也。其他明刊之对宋元刊本，亦何莫不然。试观毛扆汲古阁珍藏秘本书目所列之价目，在今日十倍而廉矣。中如宋影钞李鼎祚周易集解十本价五两其时银串每两不及七百文，元板周易兼义八本价四两，棉纸钞本礼记集说四十二本价二十两，名人墨钞如秦西岩手抄太和正音谱二本价二两，周公谨弁阳山房抄本绛帖平二本价一两二钱，亦因当时流传较多之故也。

总而言之，物以稀为贵，惟书籍亦然。其稀少之故，一由书版未经多印，即遭天灾毁去。二由书中含革命之意,帝王命令销毁。如钱谦益列朝诗集,以乾隆修四库全书,凡钱氏所著及有序之书,皆在禁毁之列,故其书流传不多。三由不知版本之宝贵,移以作薪,如前述毛子晋孙之毁四唐人集板是也。

3. 视书之内容若何

吾人购书,必有其用,非徒为陈设之品。但书有有用者有无用者。有用之书,价格当较无用者为昂,如大题文府一书(八股文),此时既无人作八股文,亦无人研究八股文,而此书无论其刊印如何精美,则所值必廉也。

4. 视本数之多寡厚薄

购书时检点一部之本数,每本之页数,按本页以估价较为正确。

5. 视购书之地点若何

(1)出处较售处为廉,如一书为南京书坊所印行,若在南京购置,当较他处为廉。①南京之书较他处为多,②无运输之费。

(2)供过于求较求过于供为廉。

(3)生活程度较低处之书店所售之书,当较高处为廉。如上海北京之生活程度较南京为高,则商店之开销亦大,故上海北京售书之价,亦较南京为高矣。

上之所述,关乎购置吾国新旧书籍,若购欧美书籍法自不同。按欧美各国出版界,组有书业联合会,主持全国出版界之事务。并每周发行周刊,披露全国一周间出版之新书,并载明著者书名出版处及价目,而加以短评。颇似上海商务印书馆发行之出版界,不过较其广耳。此种周刊,为采购西书者所不可不知也。兹将各国书业周刊名目列下:

美国 Publishers' Weekly: American Book Trade Journal, N. Y. Publishers' Weekly $4.00

英国 Bookseller: Weekly Newspaper of British and Foreign Literature, Lond. J. Whitaker, 10s. 6d.

法国 Publishers' Circular, Lond. Publishers' Circular, 13s. 6d. Bibliographic De La France, journal general de I'imprimerie et de la librairie Paris au cerele de la librairie

德国 Wöchentliches Verzeichuis Der Erschienen und der voberiteten neuigkeiten des deutschen buchhandels Lpz. Hinrichs, 7. 50m.

但吾人今购一书,欲知其内容出版处以及价值等等,则须检查各种目录。此种目录,详本编第十六章目录学参看可也。

惟欧美各国图书公司甚多,且各有专长。兹择美英德法各国之最著者列出,以便购书者之问津。

一美国

第一类者

Appleton, D. & Co. , 29 - 35 W. 32d, St. , N. Y. 科学,教育,参考书

Harper & Bros. , Franklin Square, N. Y. 杂志, 普通文学

Houghton, Mifflin Co. , 4 Park St. , Bost. 诗集, 文学, 教育, 社会学, 少年丛书

Macmillan Co. , 66 5th Av. , N. Y. 文学, 教育, 并经售各种书籍

Scribner's Charles Sons 597 5th Av. , N. Y. 神学, 音乐, 并经售各种书籍

第二类者

Century Co. , 353 4th Av. , N. Y. 文学, 教育, 少年丛书

Dodd Mead & Co. , 4th Av. & 36th St. , N. Y. 文学, 宗教, 字典

Doubleday, Page & Co. , Garden City 小说, 词曲, 杂志

Dutton, E. P. & Co. , 681 5th Av. , N. Y. 各种教科书

Holt, Henry & Co. , 19 W. 4th St. , N. Y. 各种教科书及译本

Longmans, Green & Co. , 443—449 4th Av. , Cor. 30th St. N. Y. 各种书籍

Lippincott, J. B. Co. , East Washington Square, Phil. 教科书, 医书, 并经售书籍

Little, Brown & Co. , 34 Beacon St. , Bost. 法律书

McClurg, A. C. & Co. , 330 – 352 E. Ohio St. , Chic. 普通书籍, 并经售各种书籍

Oxford University Press 35 W. 32d St. , N. Y. 历史, 文学, 科学, 经济

Putnam's , G. P. Sons Putnam Bldg. , 2 – 6 W. 45th St. , N. Y. 文学, 美术

第三类者

Baker & Taylor Co. , 354 4th Av. 26th St. N. Y. 专经售各种书籍

Columbia University Press , 30 – 32 E. 20th St. , N. Y. 哥伦比亚大学出版书籍

Funk & Wagnalls Co. , 40 – 60 E. 23 St. , N. Y. 参考书

Open Court Pub. Co. , 122 S. Michigan Av. , Chicago 哲学, 杂志

Stechert , G. E. , 31 – 33 E. 10th St. , N. Y. 专经售各种书籍

Wilson , H. W. Co. , 958 – 965 University Av. , N. Y. 书籍目录索引

Yale University Press , 143 Elm St. , New Haven , Conn. 耶鲁大学出版书籍

Havard University Press , 29 Randall Hall Cambridge , Mass. 哈佛大学出版书籍

长于农科书者

Ginn & Co. , 70 5th Av. N. Y.

Judd , Orange Co. , 461 4th Av. , N. Y.

Macmillan Co. ,66 5th Av. ,N. Y.

Webb Pub. Co. ,55 – 79 E. 10th St. ,St. Paul ,Minn.

长于教育书者

Allyn & Bacon ,50 Beacon St. Bost.

American Book Co. ,100 Washington Square ,E. N. Y.

Educational Pub. Co. ,245 7 Prairie Av. Chic.

Ginn & Co. ,70 5th Av. ,N. Y.

Heath ,D. C. & Co. ,50 Beacon St. ,Bost.

Holt ,Henry & Co. ,19 W. 44th St. ,N. Y.

长于法学书者

Banks Law Pub. Co. ,23 Park Pl. ,N. Y.

Boston Book Co. ,83 – 91 Francis St. ,Bost.

Little Brown Co. ,34 Beacon St. ,Bost.

Bancroft – Whitney Co. ,200 Mcallister St. ,San Francisco.

West Pub. Co. ,52 – 58 W. 3d St. ,St. Paul ,Minn.

长于医学书者

Blakiston's P. Son & Co. ,1012 ,Walnut St. ,Phil.

Davis ,F. A. Co. ,1914 – 1916 Cherry St. ,Phil.

Lea & Febiger 706 – 710 Sansom St. ,Phil.

Saunders ,W. B. Co. ,West Washington Square ,Phil.

长于音乐者

Boston Music Co. ,26 West St. ,Boston.

Scribner's Charles Sons,597 5th Av. ,N. Y.

长于工艺与科学书者

Comstock Pub. Co. ,124 Roberts Pl. Ithica,N. Y.

McGraw – Hill Book Co. ,370 7th Av. N. Y.

Shaw Co. ,A. W. 299 Madison Av. ,N. Y.

Van Nostrand,D. Co. 8 Warren St. ,N. Y.

Wiley,John & Sons,432 4th Av. ,N. Y.

Comstock W. T. & Co. ,23 Warren St. ,N. Y.

二英国

George Allen & Unwin,40 Museum St. ,W. C. 1 Lond.
哲学,文学

Arnold,E. J. & Son,Butterley St. ,Hunslet Lane,Leeds
家庭,经济,初级书籍

Bailliere,Tindall & Cox,8 Henrietta St. ,Covent Gar-
den,Lond. 医学

Bell,G. & Sons,York House,Portugal St. ,Loud. 古文

Blackie & Sons,50 Old Bailey,Lond. 各国文学

Burns Oates & Washbourne,Lond. 宗教,哲学

Cambridge University Press, 133 – 137 Fetter Lane,
Lond. 文学,各种科学

Chapman & Hall, 11, Henrietta St. , Covent Garden,
Loud. 文学,各种科学

Constable & Co. ,Orange St. ,Leicester Square 各种丛

书

Dent,J. M. & Sons,Bedford St.,Lond. 各种丛书

Ginn & Co.,7 Queen Square,Lond. 教育,农学,教本

Hodder & Stoughton,Warwick Squarer 文学

Longmans Green & Co.,39 Paternoster Row,Lond. 教育,科学

Macmillan & Co.,St. Martin's St.,Leicester Square 各种教科书

Methun & Co.,36 Essex St.,Strand,Lond. 各种丛书,各种科学

Murray,John,50a Albemarle St.,Lond. 丛书

Oxford University Press,Hamphrey Milford,Amen Corner,Lond. 古代文学,各种科学

Sir Isaac Pitman & Sons,Parker St.,Kingsway,Lond. 商业书籍

Putman's,G. P. & Sons,24 Belford St.,Strand,Lond. 教本

University Tutorial Press,High St.,New Oxford St.,Lond. 各种教本

Wheldon & Wesley,2,3,& 4 Arthur St.,New Oxford St. 科学,实业

Williams & Norgate,14 Henrietta St.,Covent Garden,Lond. 各种丛书

84

三德国

Richard Schwarz, Berlin W 8, 61 Jäger Strasse, Deutschland 各种地图

Alfred Lorenz Buchhandlung, Leipzig, Kurprinz Strasse 10. 历史, 哲学, 医学

Liebisch Buchhandlung, Leipzig, Kurprinz Strasse 6. 普通文学

Gustav Fock, Leipzig, Schlopz gasse 7 旧杂志

Albert Richter, Leipzig, Bayersche Strasse 3. 实用资料

Hannemanns Buchhandlung, Berlin S. W. 68, Friedrich Strasse 208. 普通书籍

Puttkammer & Mühhlbrecht Buchhandlung, Berlin Französische Strasse 28 法律书籍

Gsellius Buchhandlung, Berlin W 8, Mohren Strasse 52 各种杂志, 普通书籍

Karl Hiersemann, Leipzig, Königstrasse 绝版书, 旧书, 考古书

四法国

Auguste Picard, rue Bonaparte 82, Paris 史学, 图书学, 考古学

Les presses universitaires de France, Boulevard St., Miche 149, Paris 教科书

Joseph Vrin, Place de la sorbonne 6, Paris. 哲学, 历史,

旧书

Libraire Terquem，rue Scribe 1，Paris 普通小说书

Paul Genthner，rue Jacob 13，Paris Ⅵ.ᵉ 上古史，东方史

Maison des Dictionnaires，rue Herschel 6，Paris Ⅵ.ᵉ 各种字典

Ernest Leroux，rue Bonaparte 28，Paris 言语文字学

Librairie Felix Alcan，Boulevard St – Germain 108，Paris Ⅵ.ᵉ 经济，历史

Librairie Hachette，Boulevard St – Germain 79，Paris Ⅵ.ᵉ 教科书

Boyvean & Chevillet，rue de la Banque 22，Paris. 英德意美旧书，意文书

Gauthier – Villars，55 Quai des Grands – Augustins，Paris 数学，科学

五暹罗

Wigcharatha Co. ，Shorts Road，Slave Island，Colombo，Cylon. 佛学

至于购置西文旧书，若得其法，可有三益。

（一）价廉。

（二）有时可得全新之书或有价值者。

（三）可得绝板书。

但吾人远在千里外，既不能亲历其境而购之，则对于

书之形状优劣,无从得知。然可函托外国书籍经理处代办,或径函旧店亦可。兹将美国最著之旧书店列出,以供采购。

1. Leary, Stuart and Company, 9 South 9th Street, philadelphia, Pa. , U. S. A.

2. Franklin Book Shop, 920 Walnut Street, Philadelphia, Pa. U. S. A.

3. Schulte's Book Store, 132 E. 23d Street, New York City, U. S. A.

4. G. E. Stechert & Co. , 31－33 East 10th Street, Now York, U. S. A.

5. U. P. James, 127 W. 7th Street, Cincinnati, Ohio, U. S. A.

6. Noah F. Morrison, 314－318 W. Jersey Street, N. J. , U. S. A.

7. Goodspeed's Book Shop. 5a Park Street' Boston, Massachusetts, U. S. A.

8. A. C. McClurg & Co. , 218－224 S. Wabash Avenue, Chicago, Illinois, U. S. A.

在美国尚有一种拍卖旧书公司,其最大者,一在纽约城,一在波斯顿。此二公司每逢拍卖期,均有书目发出,并列有号数及价目。如函购只须开其号数,惟出价可与以定价三分之一。或托 G. E. Stechert & Co. , N. Y. 代办亦可,惟须与以十分之一酬金。

购西文杂志,可委托上海商务印书馆,或径函下列各公司均可。

1. Herman Goldberger, 110 High Street, Boston, Massachusetts, U. S. A.

2. San Francisco News Co. , 747 Howard Street, San Francisco, California, U. S. A.

3. J. M. Hanson – Bennett Magazine Agency, 223 W. Jackson & Boulevard Chicago, Illinois, U. S. A.

4. G. E. Stechert & Co. , 31 – 33 East 10th Street, New York, U. S. A.

5. Wisconsin News Co. , Milwaukee, Wisconsin, U. S. A.

如配补杂志可直接函达

F. W. Faxon Co. , 83 Francis Street, Boston, Massachusetts, U. S. A.

向欧美各国购置书报,其最要者即在款之汇兑。此可将国币向银行兑换外国之币票,用挂号信寄去。惟市价时有涨落,若于涨时兑换,则不免有亏。故图书馆司购置西书者,应随时注意行情,就其落时预换存储,待用时支取,亦经济之一道也。

每购一书,莫不以先睹为快。欲达快之目的:

(一)转递以邮局较转运公司为速。

（二）发函时须声明寄经路程。如至美购书，若由旧金山（San Francisco）来华，则须二十一日。若由温古华（Vancouver）只须十四日，即其明证也。

第十章　鉴别

书籍之鉴别有二：

（一）内容之鉴别

书有因时间之关系，已失其效者；有抄袭拉杂而成，志在金钱者。是不可不加之意焉。除曾阅过此书之内容者外，可于下列各项察得之。

（甲）著者经历与资格　凡一著作出版，若一一详察其内容，势所难能。则应审明该书为何人所作，其资格与经历如何，由此可推测其对于该种学术有无心得矣。

（乙）出版公司　资本雄厚之公司，其编辑者咸多知名之士，故出版书籍间多佳作。且于他人佳稿，亦能以重金易得之。若一小公司则不然矣。

（丙）出版次数　学术思想日新月异，未有历久而不变者。故欧美各国，每书再版一次，必将所得者更订一次，是版愈近愈佳。但吾国旧籍则愈旧愈佳，未可作一例观也。

（二）版本之鉴别

书之内容,既合于用。在新书订有版权一家印行,故对于刊印方面,无须选择。但吾国旧籍,素无版权,任人翻印。校雠刻刷,各有等差。故鉴选版本,实为至要。

版本总分为二:

(甲)刊本　即木刻之书也。

1. 以朝代分　有宋本、元本、明本等等之别。

2. 以刻板处所分　有内府本(亦曰殿本)、官署本(如国子监刊者谓之监本府州学刊者谓之府学本州学本等)、书院本、坊刻本、祠堂本、家刻本等等之别。

3. 以形式分　有大字本、小字本、巾箱本等等之别。

4. 以书内之正文分　有足本、节本之别。

(乙)写本　抄写之书也。

1. 抄本　出于名人手笔者,则云手钞本,或某阁某斋钞本。宋元明人遗迹,则云宋钞、元钞、明钞本。其不可考知者,则云旧钞本。校过则云校钞本。

2. 影钞本　影摹善本书籍,形与真同,故云影钞本。

总上各种版本之书,以价值分之,有:

1. 善本　善本者非纸白版新之谓,乃精校细勘付刊不伪不阙之本也。

2. 通行本　即书坊刊印,而为社会所通行者。

书籍愈贵,作伪愈多。欲鉴定一书,是否确为某朝之本,或某种真本。

1. 须注意刻刷之精神。

2.须注意纸料与颜色。

3.参看各家藏书目。各家藏书目,对于古书常详记其格式,有所谓黑口花口白口等等之分。故特将格式略述如下。

格式者,书之内部形式也。兹详细分述之(如三十图)。

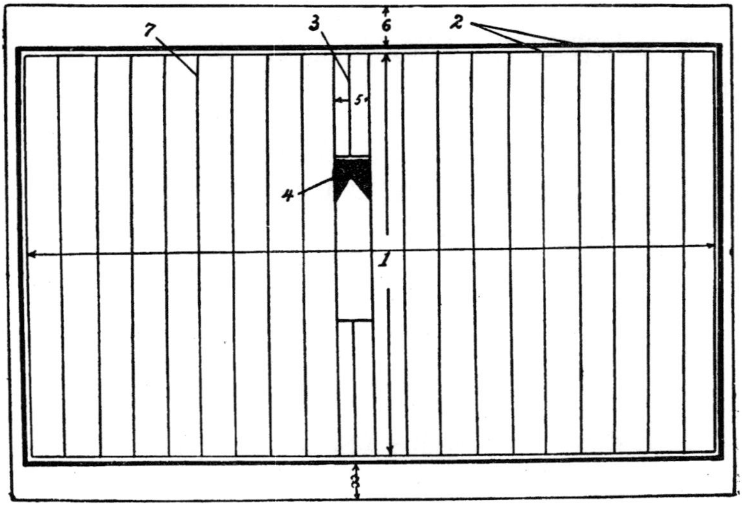

第三十图

1.版心　版心者,书之面积也。

2.边栏　栏者线也,在四周者谓之边栏。有粗细二线者,谓之文武边栏。书中之格,谓之丝栏,亦省曰栏(见7字指处)。红者曰朱丝栏。

3.象鼻

4.鱼尾　象鼻鱼尾,就其形而命名,盖为折书者之标准。

5.版口　版口者,书之外边,为备标书名与节目之用。中间有字者,谓之花口。有线无字,谓之黑口。无线无字,谓之白口。

6.天头 8.下脚　天头下脚者,版心上下之空白地位也。佳本书籍,其天头下脚恒大。盖所以备读者之批注,与夫日久损坏时之重修也。

书经鉴定,确系某朝之本,或某种真本。但书贾对于残缺不完者,往往挖补目录,朦混购者。是不可不加之意焉。

第十一章 登录

　　图书到馆,首应检查卷册,核对发票,均无讹误。除将发票交会计收账付款外,即检销购书片,加盖馆章。馆章盖处,中文书应在每册首页下部左侧第一字上。西文书除首页外,并须于一百零一页加盖之。设书无百余页,

第三十一图

第三十二图

则酌定一处。此所以资识别也。印章形式,亦视书而定。若于中文书,以用方形或长方形为佳。西文书则用橡皮或钢模者。钢模印西名为 embossing stamp(如三十一图三十二图)。若中文书而用西式或西文馆章,殊觉不伦也。章盖毕,即贴分类号签、书识、借出或还书日期条及书片袋等件。兹将各体形式与功用,分述如下:

(一)分类号签　此签系贴于书背,以记分类号数,而便排列与检取也。所贴地位通常在书之下端,然亦有在书中或书上者,并无一定之标准也。此签形式有二:(1)圆形,(2)长方八角形。每种复有大小之别(如三十三图)。但现今图书馆亦有不贴此签,而用一种黏质涂于书背,以白粉或金粉水写之。此种黏质,西名为 shellac。

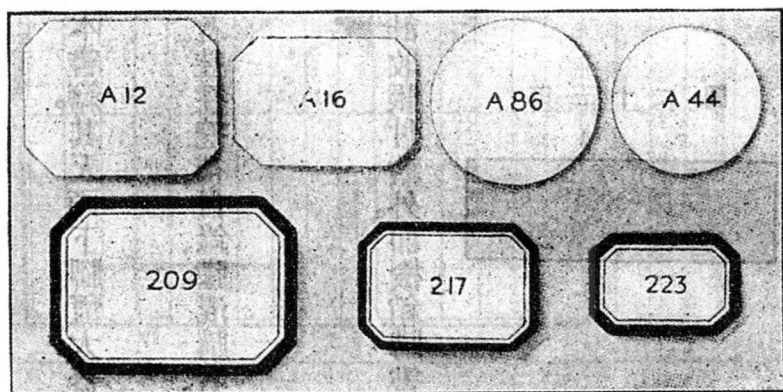

第三十三图

国立东南大学
孟芳图书馆

分类号数……………
登录号数……………

………………………

………………………

第三十四图

COLUMBIA·UNIVERSITY
GEORGE RICE CARPENTER
MEMORIAL·LIBRARY

第三十五图

New York
State Library

THE DOANE
THEOLOGICAL LIBRARY

第三十六图

（二）书识　此书识贴于书面内，用以记分类号数、登录号数及标注捐募此书者之姓名。此种书识，有用图画者（如三十四图）、有无图画者（如三十六图）、有印捐书人

肖像者（如三十五图），要皆不外乎为一馆之标识，或志捐
书人之高谊也。

借出或还书日期

Date Due

第三十七图

（三）借出或还书日期条　于图书借出时，用以盖
借书或还书期之日戳，以便考核所借之书，是否逾期，或
俾借者知应还之期也。此条（如三十七图）系贴于书之底
面副页。

NATIONAL SOUTHEASTERN UNIVERSITY

THE UNIVERSITY LIBRARY

国立东南大学

图书馆

借阅者注意

（一）加意爱护勿失原有形状

（二）损坏或遗失应照原价加倍赔偿

（三）借阅以二星期为限期满欲续借者须持书至馆声明但本馆于必

要收回时须即缴还

（四）逾期不归还者应照章纳金

第三十八图

（四）书片袋　用以插借书片也。其形式有长方（如三十八图），有三角（如三十九图）。该袋之上，有摘录馆章，有略示爱护书籍之语，有劝导读书之文，各随其便用之。此袋贴于书之底面内。

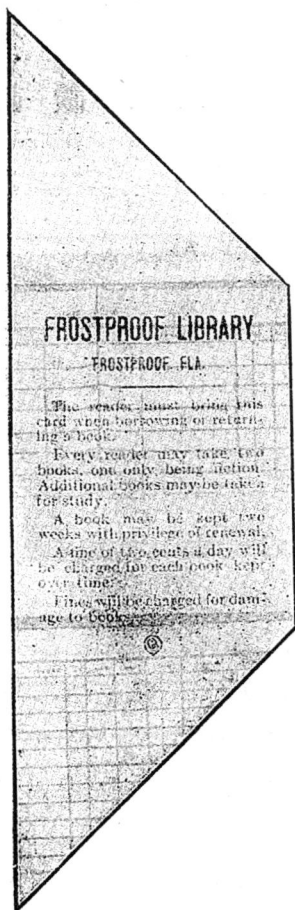

FROSTPROOF LIBRARY

FROSTPROOF FLA.

The reader must bring this card when borrowing or returning a book.

Every reader may take two books, one only being fiction. Additional books may be taken for study.

A book may be kept two weeks with privilege of renewal.

A fine of two cents a day will be charged for each book kept over time.

Fines will be charged for damage to books.

第三十九图

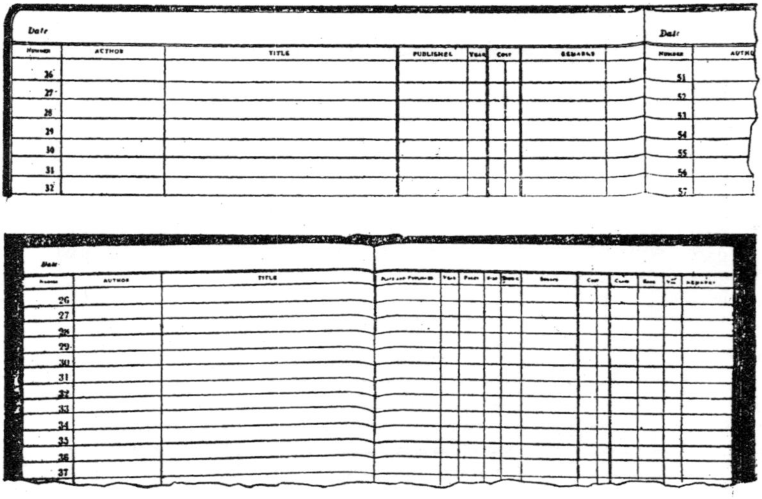

第四十图

　　上列各件贴完,即从事登录于簿。簿中事项:(一)登录号数、(二)著者、(三)书名、(四)出版处、(五)出版年份、(六)价值、(七)分类记号。形式有固定者(如四十图),有活页者(如四十一图)。除按项填载外,并将登录号数注于书签。惟同一人所著之书,而有数部或十数部时,应每部一号。其中文书一部,而有数本或数十百本者,则于登录号数之后,依书顺序加一小数。如一书为二十本,登录号为三八一,则该书第一册为三八一·一,第二册为三八一·二,余类推。因一书分类既经同号,若登录再共一号,则甲所还之一本,与乙所还之一本,将何以

100

资分别乎。

REMARKS	Accession Number	AUTHOR AND TITLE	PUBLISHER	COST	SOURCE
		Date Feb. 3, 1904.			
	10005 1	Cubberley, E.P. History of education	Houghton	$3.50	McClurg
	2	Guerber, H.A. Book of the epic	Lippincott	1.80	"
○	3	Clodd, Edward. Story of the alphabet	Appleton	1.00	"
	4	Phelps, E.M. Debaters' handbook 4th ed.	Wilson	1.50	B & T
	5	Lanier, Sidney. Select poems	Scribner	1.00	"
	6	Bergengren, R.H. Comforts of home	Atlantic	1.00	"
	7				
	8				
	9				
	10				

第四十一图

以上所述关于书籍。至杂志登录,则有杂志登录片（如四十二图）。日报登录,则有日报登录片（如四十三图）。

101

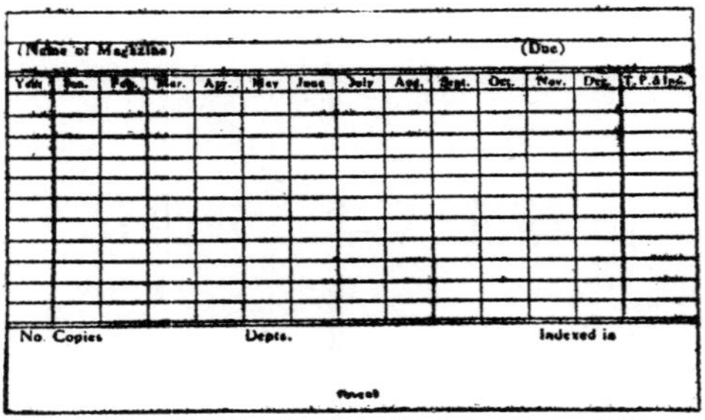

(Name of Magazine) (Due)

Year	Jan.	Feb.	Mar.	Apr.	May	June	July	Aug.	Sept.	Oct.	Nov.	Dec.	T.P.&Ind.

No. Copies Depts. Indexed in

第四十二图

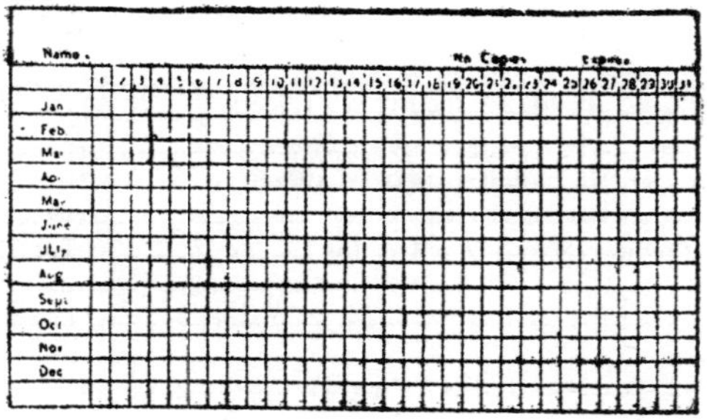

Name. No. Copies

	1	2	3	4	5	6	7	8	9	10	11	12	13	14	15	16	17	18	19	20	21	22	23	24	25	26	27	28	29	30	31
Jan																															
Feb																															
Mar																															
Apr																															
May																															
June																															
July																															
Aug																															
Sept																															
Oct																															
Nov																															
Dec																															

第四十三图

第十二章　分类法

一切学术之研究，一切事实之整理，均不可无分析作用。古人所谓穷理致知，今人所谓科学方法，失此作用，皆不能完成其事业。故图书馆对于图书之处理，亦有分类之法焉。历代载籍，卷帙纷繁，牙签邺架，须有标志。不然纷乱杂陈，凌列无序，遗亡散失，将无统计之资。固不独历久远之时间，获一书之应用检寻为难也。吾人几案间堆置书籍，苟非排列整然，尚有时艰于检取，况图书馆中数以万计之典册乎。分类之意义，即于各种图书中，辨其性质，分其异而类其同也。图书之分类，对于读者与管理者，双方咸有甚大之利益，岂徒因袭成法而已哉。试撮其要而述之。

对于读者之利益：

（一）读者欲阅某书，必有其目的焉。故于书之内容，虽未能悉其详备，而于著者学术或其书之指归，大都已得其要略。今为类而分之，则读者可于其应属之类求之，而无咨询问答之烦矣。

（二）读者欲阅某书，必有某问题之研究。今于同性质之书，萃而一之，则读者或可得互相发明之书籍。为馆中所有，而彼意中所未及知者，其裨助尤甚宏也。

（三）读者欲为某学科之研究，而意中欲阅之书，并无一定之标准。可示以本馆对某类学术，现已备置之书籍，是不但有裨于研究参考，且为读者阅览之指针也。

对于管理者之利益：

（一）群书狼藉，整理尚难。珍护什藏，奚从检核。若为之分类，则纲目宛然，部册有限，可数稽也，且图书既有系统可寻。而管理者历多时之服务，于馆中书籍，亦可略有记忆。虽有散失，甚易发觉，可鲜负其管理之责任也。

（二）图书类别，执简御繁，检取便利，无庸赘言。更有记号之法，则出纳之时间，尤能有经济之效果也。

（三）类目之分，非漫然可行也。必详较图书之内容而参互以证，方可鲜有误谬。管理者习熟于类别之纲要，即能明于图书之梗概。且学术之问题，如源流派别系统等，或可因是略知之。既为读者之指导，而本人亦因之增进其学识也。

观上所述，可明乎分类之重要矣。然仍以关于管理上出纳图书之利便，为最大原因。故须考证各分类法之利弊，而采取适当者以为应用。其应注意者，有三要点：

（一）须使管理图书者，取书时能于最短时间，达到希望目的。

104

（二）还原时，须有一定之法则可循。

（三）书有增减时，须不影响于已办之手续。

考吾国分类之起源，当汉成帝时，使陈农求遗书于天下，诏刘向校经传诸子诗赋、任宏校兵书、尹咸校数术、李柱国校方技。每一书就，向辄条其篇目录而奏之。向卒，哀帝复使其子歆卒父业，于是总群书而奏七略。

（一）辑略　颜师古曰辑略谓诸书之总要

（二）六艺略　易　书　诗　礼　乐　春秋　论语　孝经　小学

（三）诸子略　儒家　道家　阴阳家　法家　名家　墨家　纵横家　杂家　农家　小说家

（四）诗赋略　屈原至王褒二十家赋　陆贾至朱宇二十一家赋　孙卿至路恭二十五家赋　客主赋至隐居杂赋

（五）兵书略　权谋　形势　阴阳　技巧

（六）术数略　天文　历谱　五行　蓍龟　杂占　刑法

（七）方技略　医经　经方　房中　神仙

东汉班固、傅毅等典掌秘府，咸依刘略而为书部。固又挚其指要，以志艺文。魏氏代汉，采掇遗亡，藏在秘书中外三阁。秘书郎郑默始制中经，秘书监荀勖又因中经，更著新簿，分为四部。

（一）甲部　六艺及小学等书。

（二）乙部　古诸子家近世子家兵家术数。

（三）丙部　史记旧事皇览簿杂事。

（四）丁部　诗赋图赞汲冢书。

东晋初,李元以勘旧簿校核群书,遂总没众篇之名,但以甲乙为次。宋谢灵运造四部目录,王俭既造目录,又依刘略别撰七志。

（一）经典志　六艺小学史记杂传

（二）诸子志　古今诸子

（三）文翰志　诗赋

（四）兵书志　兵书

（五）阴阳志　阴阳图纬

（六）术艺志　方技

（七）图谱志　地域及图书

　　其道佛附见合九条

宋殷淳、齐王亮撰造四部,梁任昉又以术数之书更为一部,故梁有五部之目。时普通中阮孝绪博采宋齐以来王公之家,凡有书记参校官簿,更为七录。

（一）经典录　纪六艺

（二）记传录　纪史传

（三）子兵录　纪子书兵书

（四）文集录　纪诗赋

（五）技术录　纪数术

（六）佛录

（七）道录

至唐始以经史子集为四类,分藏四库。

甲部

经录　易　书　诗　礼　乐　春秋　孝经　论语　谶纬　经解
　　　　　　小学
乙部
　　史录　正史并集史　编年　伪史　杂史　起居注并实录　故事
　　　　　职官　杂传记并女训　仪注　刑法　目录　谱牒　地理
丙部
　　子录　儒道并神仙释氏　法　名　墨　纵横　杂　农家　小说
　　　　　天文　历算　兵书　五行　杂艺术　类书　明堂　经脉
　　　　　医术
丁部
　　集录　楚辞　别集　总集并文史

自宋至清季乾隆，悉仍其例。虽有变更，不过子目之增减。迨张之洞书目答问出，遂于四部外别标丛书为一部，于是有经史子集丛五部之分。然宋元来私家藏书，亦有不用四与七分者。如宋庄蓼唐以甲乙丙丁戊己庚辛壬癸十门为次，清朱竹垞以心事数茎白发、生涯一片青山、空林有雪相待、古道无人独还二十四字为次，此亦不过数人而已。自清季迄今各图书馆图书分类，究采何法，观各馆之书目，有沿用四部而酌加变更者，如南通图书馆。

　　经部
　　（一）正经正注
　　　　一、诸经合刻本
　　　　二、诸经分刻本
　　（二）列朝经注经说经本考证

一、易类

二、书类

三、诗类

四、礼类　周礼之属　仪礼之属　礼记之属　五礼总义之属

五、乐类

六、春秋类

七、四书类　论语之属　孟子之属　论孟总义之属　四书
　　　　　　总义之属

八、孝经类

九、尔雅类

十、诸经总义类

十一、诸经目录文字音义类

十二、石经

(三)小学

一、说文类

二、文字类

三、音韵类

四、训诂类

五、小学总义类

史部

(一)正史

一、正史合刻本

二、正史分刻本

（十六）史评

子部

（一）诸子

　　　一、诸子合刻本

　　　二、诸子分刻本

（二）儒家　　理学之属　考订之属　议论经济之属　教育之属

　　　　　　杂志及汇报之属

（三）兵家

（四）法家

（五）农家

（六）医家

（七）天文算法家

　　　一、天文家

　　　二、算法家

（八）术数类　　占候占卜之属　命书相书之属　相宅相墓之属

（九）艺术类

（十）杂家

（十一）小说家

（十二）释道家

　　　　一、释家

　　　　二、道家

（十三）类书类

集部

110

（一）楚词

（二）别集

（三）总集　文选之属　古文之属　骈文之属　经世文之属　书牍之属　课艺之属　诗赋之属　词曲之属

（四）诗文评

（五）科举文

丛书

（一）古今合刻丛书

（二）一人自著丛书

　　其他如江苏省立第一图书馆、浙江公立图书馆等，皆与此大同小异。但此种四库分类，颇觉未能允当，兹分述之。

　　（一）经部　释名曰，经径也。如径路无所不通，可常用也。博物志曰，圣人制作曰经。故经之名，后人于古之书籍，认为极有价值者，而以此昭其崇重之意。宗教家又各以所崇重者，以经名之。今之经特儒家方面之典册，已偏而不全。是经之名，实已淆矣。考易、书、诗、礼、乐、春秋六经之名，其源甚古。然依其性质，易义玄秘赅儒道之学兼通，于禅理卜筮特其小用，应入哲学类。书述唐虞三代之政事，实古代之史。春秋鲁史记之别名，应入史类。诗为古代輶轩，所采里巷歌谣与朝庙乐章，为诗学之祖，应入文学类。礼以载古之礼制，应入社会科学类。古之乐经，今佚其篇，后世音乐之书，可入艺术类。经部之根

111

本要籍,既可以科学之方法,分隶各类,其他更可依其性质而分,无独立一部之必要矣。但尚有可以参酌而未必遽无存在之理由者。中国学术以儒教为中心,儒教以经学为根据。五经(乐经已亡故不列)之名,其源既古,而三礼三传之名九经,又益以四书孝经尔雅名十三经,皆几为一般学者所公认。扬子曰,天地为万物郭,五经为众说郭。故就其类似之点而观之,经部与各类虽可强为分裂,而就其特殊之点而观之,经学实群言之奥区而才思之神皋也。周秦诸子而后,义理考据汉宋之争,实为中国学术之两大派别,而皆源本于经。故经部著述,任举一类之书,其训文释义者,汗牛充栋,至少无虑数百种,固自有特成一类之需要。今以附庸于他类,削足适履毋乃不伦欤。夫一国之所以存立者,实赖文化以维系之。经籍者吾国文化之源泉也,独标一部,以保存吾国固有之精神,是或一道也。况求适用于习惯,苟无更改之必要,自以仍旧贯为便利乎。上述二方面之意见,孰为妥适,尚待于研究也。

(二)史部　史之为言使也,执笔左右使之记也。古者左史记言、右史记动。而中国古代史官之职,于学术之关系,至为密切,故先儒有六经皆史之言。而周秦诸子之学,亦莫不有史官之渊源。今之所谓史者,仅就狭义纪载事实之历史而言耳。史部分正史、别史、杂史等类。正史为史书之经帝王审定者。所谓正史,体尊义与经配,非悬诸令典，莫敢私增者也。而以事系庙堂语关军国者，列为杂史类。上不至于正史，下不至于杂史者，列为别史类。述偏方僭乱遗迹者，列入载记类。然细按正史、别史、杂史、载记之分，实无明了之界说。而以意之轩轾为出入，所载既皆关一朝之掌故，何如合编一类，以时期为次，俾研究史学可以一贯乎。编年以年为纲，纪事本末以事为纲，体例虽各殊，事实无二致，皆似不必独立一类，可合之其他史书，而以时期为次也。诏令即帝王之法令，可入法制类。时令为纪岁时之书，应入天文类。金石目录，虽亦有历史之关系，而性质悬殊，不如各以类相从之为当也。

（三）子部　四部旧法之分类，以子部最为芜杂。周秦诸子老庄申韩管商之流，是固子矣。孔子孟子非儒家之子乎，或入之子，或入之经，以为是寓轩轾之意，而不知是已自乱其名实也。子为男子之美称，其名词已无义例之可言。后人于所著文，亦有名子者，其实与文集无殊，如文泉子、郁离子、浮邱子之属。将子之乎，抑集之乎。名之不臧，实何能副。而类书丛书之不能赅括于子者，尤为显明也。以吾人之意观之，周秦诸子，大都可入之哲学类。其一二例外者，亦可视其性质相同各类而归之。类书为采撷群籍之书，丛书为汇刻群籍之书，均宜特为一类，并冠他部类之首。小说家言虽亦有不无学理事实可资研究者，但仍以文学上研究之价值为重，故应入文学类。谱录为各种图谱之书，然如竹谱可入植物类，金鱼谱可入动物类,其他例是,则谱录已无须独立一类也。若是似不如废除此部,而以科学的方法分之,犹可免牵强之诮也。

(四)集部 集聚也,诗文之总聚也。集部分总别集,而以著者时期先后为次。其义例尚明白而无窒碍,与科学分类之文学类,不过名称之异同耳。惟词曲二体,昔以卑品视之,不与诗赋并列。不知词曲与诗赋,在文学上实占同等之位置,殊不能有偏重也。

欧化东渐,译著日盛。理化工商之书,以四库分类法概之,已有露襟见肘之虞。或以工艺之书列入史部政书考工之属,教育之书列入子部儒家类,牵强附会,徒贻识者讥耳。诸如此者,不遑枚举。各图书馆有鉴于此,遂有新书旧书之分。如无锡图书馆即其例也,其内容为:

(甲)旧时图书

一、经部　1.易　2.书　3.诗　4.礼　5.乐　6.春秋　7.孝经　8.四书　9.小学　10.经解

二、史部　1.正史类　2.编年类　3.纪事本末类　4.别史类　5.杂史类　6.传记类　7.地理类　8.政书类　9.史钞类　10.史评类　11.目录类

三、子部　1.儒家类　2.兵家类　3.法家类　4.农家类　5.医家类　6.天文算法类　7.术数类　8.艺术谱录类　9.杂家类　10.小说家类　11.释家类　12.道家类　13.类书类

四、集部　1.楚词类　2.别集类　3.总集　4.诗文评类　5.词

典类　6.杂著类

五、**丛书部**　1.汇刻类　2.一人自著类

（乙）近时图书

一、**政部**　1.内务类　2.外交类　3.财政类　4.陆海军类　5.司法类　6.教育类　7.农工商类　8.交通类

二、**事部**　1.历史类　2.舆地类　3.人事类

三、**学部**　1.伦理学类　2.哲学类　3.宗教类　4.数学类　5.格致类　6.医学类　7.教科书类

四、**文部**　1.近人著集类　2.小说类　3.字典文典类　4.图画类　5.外国文书类

五、**报章部**　1.杂志类　2.日报类

六、**金石书画部**　1.法书类　2.名画类

其他如江苏省立第二图书馆,除依四库分经史子集丛五部外,另立一新部。其内容为:

一、**文学类**　1.教育　2.国文　3.各国文　4.伦理哲学名学　5.中国历史　6.各国历史　7.地理　8.算学　9.格致　10.尺牍　小说　12.公报杂志

二、**政事类**　1.法政　2.刑律　3.各国法律　4.各国政书　5.外交

三、**实业类**　1.理财　2.农学　3.工商　4.医学　5.图画　6.美术

广西图书馆亦有新书部之分,其内容为:

一、**教育部**　1.教育总类　2.教育制度类　3.管理法类　4.教授法类　5.教育纪录类

二、**政法部**　1.政治类　2.法制类　3.经济理财类　4、警政类

三、**军学部**　1.陆军总类　2.步兵类　3.马兵类　4.工兵类　5.

炮兵类　6. 辎重类　7. 海军类

四、实业部　1. 实业总类　2. 农业总类　3. 农业蚕桑类　4. 农业畜牧类　5. 农业种植类　6. 工艺类　7. 商业类

五、哲学部　1. 杂类　2. 心理学类　3. 论理学类

六、医学部　1. 医药理类　2. 生理卫生类

七、修身部　1. 修身总类　2. 修身教科书类　3. 修身教授书类

八、经学部　1. 经学教科书类

九、国文部　1. 文学类　2. 尺牍类　3. 字帖类　4. 国语类

十、外国文部　1. 英文类　2. 东文类　3. 法文类

十一、历史部　1. 历史总类　2. 本国历史类　3. 东洋历史类　4. 西洋历史类

十二、地理部　1. 地理总类　2. 中国地理类　3. 地理图表类　4. 地理杂类

十三、算学部　1. 算术类　2. 代数类　3. 三角类　4. 几何类　5. 珠算类

十四、理科部　1. 理科格致类　2. 化学类　3. 矿物学类　4. 植物学类　5. 博物学类　6. 动物学类　7. 物理学类

十五、体操部　不分类

十六、图画部　1. 图画教科类　2. 几何画类

十七、乐歌部　不分类

十八、杂志部　1. 杂志总类

十九、小说部　不分类

云南图书馆又有科学部之分,其内容为:

（一）法政类　（二）财政类　（三）军事类　（四）警

116

察类 （五）教育类 （六）伦理学类 （七）文学类 （八）历史类 （九）地理类 （十）博物类 （十一）理化类 （十二）算学类 （十三）乐歌类 （十四）体操类 （十五）图画类 （十六）手工类 （十七）农业类 （十八）工艺类 （十九）商业类 （二十）杂著类

观上述之四种分类，颇具斟酌调停之苦心，似亦为过渡时期应有之办法。然核其内容，殊有未妥善之处。如尼罗海战史入旧书兵家类，而日本海大海战入新书军事类，同性质之书，歧而二之，已觉不安。若古文辞类纂与古文辞类纂精华同为一书，不过全本与选本之别耳，或入旧书总集类，或入新书文学类，更滋疑窦。又有清世本之蚕桑辑说入旧书农家类，而元俞宗本之种树书入新书农业类，同性质之书，而时之后先与书之新旧适得其反，何以为解乎。至于将理化算术哲学伦理等入之新书文学类，其为误谬不待言也。如此不胜例举，实以其所主张之分类法，新旧本无一定之界限，何依据而为标准，又安怪其舛谬矛盾之处，不一而足乎。故略及之以供研究，而非好揭人之短也。

又有以装订形式分者，将西式装订者，依杜威分类法或自设一部。而以中式装订者，仍用四库分类法。若此者形式上虽甚整齐，实质上实无意义，且增紊乱，而致管理上之不便。如梁任公之墨经校释为西式平装，而孙贻让之墨子闲诂为中式装订，同为研究墨子之书，因装订而异其陈列之处,不令人目迷五色乎。不特此也,同一书亦有因装订而异其类,如泰东书局出版之老子,西式装订,依杜威法列入中国古代哲学。若有旧式装订,则入子部道家,于理固已不当。而管理员检寻书籍,且须悉记其装订形式,而后知其书之属何类,亦不胜其烦矣。

或有倡议将中式书籍悉改为西式直立,庶可归一。但我国旧式装订,弊固有之,而利亦不少。改装后得失若何,影响于经济者若何,当先顾及。又是否即可适用欧美之分类法,尚是问题。惟图书馆学家沈祖荣氏,有仿杜威分类法,其内容如下:

〇〇〇　经部类书

　〇一〇　经解类

　〇二〇　图书科

　〇三〇　百科全书

　〇四〇　丛书

　〇五〇　类书

　〇六〇　杂志

　〇七〇　抄本善本

　〇八〇　目录

　〇九〇　统计学

一〇〇　哲学宗教

　一一〇　东方哲学

　一二〇　泰西哲学

一三〇　　哲学类别

一四〇　　哲学派别

一五〇　　宗教总论

一六〇　　孔教

一七〇　　基督教

一八〇　　佛教

一九〇　　其他宗教

二〇〇　　社会学教育

二一〇　　社会学

二二〇　　家庭

二三〇　　教育

二四〇　　教育行政

二五〇　　教授法管理教员

二六〇　　学校教育

二七〇　　校外教育

二八〇　　课程及教科书

二九〇　　学校卫生建筑

三〇〇　　政治经济

三一〇　　立法

三二〇　　司法

三三〇　　行政

三四〇　　法律

三五〇　　军政

三六〇　　经济

三七〇　　财政

三八〇　　商业学

三九〇　　交通

四〇〇　　医学

四一〇　　中国医学

四二〇　　组织学胎生学

四三〇　　生理学

四四〇　　病理学

四五〇　　外科

四六〇　　妇科产科小儿科

四七〇　　卫生学

四八〇　　药类制药学

四九〇　　兽医学

五〇〇　　科学

五一〇　　数学

五二〇　　天文学

五三〇　　物理学

五四〇　　化学

五五〇　　地质学

五六〇　　博物学

五七〇　　农林学

五八〇　　牧畜

八二〇　诗文

八三〇　词赋戏曲

八四〇　诏令及奏议

八五〇　小说

八六〇　公文尺牍

八七〇　幼年文学及读本

八八〇　语言学

八九〇　外国语

九〇〇　历史

九一〇　泰西史

九二〇　东洋史

九三〇　中国史

九四〇　年表年谱姓氏

九五〇　传记

九六〇　地理游记

九七〇　省府县志

九八〇　地图

九九〇　考古学

杜定友氏又有世界图书分类法，其内容如下：

〇〇〇　普通图书

〇一〇　书目

〇二〇　图书馆学

〇三〇　百科全书

〇四〇　普通丛书

〇五〇　普通杂志期刊

〇六〇　普通会社报告刊物

〇七〇　日报月报期报

〇八〇

〇九〇　特别藏书善本

一〇〇　哲学

一一〇　中国哲学家

一二〇　外国哲学家

一三〇　形而上学

一四〇　哲学

一五〇　论理学

一六〇　心理学

一七〇　伦理学

一八〇　占卜星相等

一九〇　宗教

二〇〇　教育学

二一〇　教育行政学

二二〇　教员

二三〇　课程与科目

二四〇　教授法

二五〇　学校管理法

二六〇　小学教育

五〇〇　应用科学

　　五一〇　医药学

　　五二〇　工程

　　五三〇　农业

　　五四〇　家政学

　　五五〇　交通商业

　　五六〇　化学工艺

　　五七〇　制造

　　五八〇　机器构造

　　五九〇　房屋

六〇〇　美术

　　六一〇　风景园艺

　　六二〇　建筑

　　六三〇　雕刻

　　六四〇　图画图案手工

　　六五〇　油画

　　六六〇　雕版

　　六七〇　照相

　　六八〇　音乐

　　六九〇　游艺

七〇〇　方言学

　　七一〇　比较方言学

　　七二〇　中国方言学

七三〇　英美方言学

七四〇——七九〇　以国籍分

八〇〇　文学

八一〇　美国文学

八二〇　中国文学

八三〇——八九〇　以国籍分

九〇〇　历史地理

九一〇　美国史

九二〇　中国史

九三〇　英国史

九四〇　法国史

九五〇　德国史

九六〇　日本史

九七〇　俄国史

九八〇　小国史

九九〇　世界地理

沈杜二氏之分类法,于近今编目事业,颇期有改革建设之效。但一二人主观之臆见,固未能适合客观之多数书籍。而倡作伊始,未获试验之结果,其不能尽臻妥善之处,亦事实之通例。然二氏之分类法,不无有研究者也。

余更根据四库全书总目,参酌杜威氏十进分类法,将新旧图书,分为丛、经、史、地、哲学、宗教、文学、社会科学、自然科学、应用科学、艺术九类。丛类与杜威氏总类相似,凡目录、类书、丛书、杂志、报章等均编入之。经类与四库全书分类法大体相同,惟四库之五经总义,今改分为群经合刻、群经总义及石经三目,而冠诸各目之首。乐类系艺术性质,今改编入艺术类。史地之书,四库全书以体裁分,今仿杜威氏以国籍及朝代分之,似较便利。政书职官等,并入政治类。诏令即法令,入法制类。奏议入文学类。金石与艺术相近,故入艺术类。四库全书子部类目最杂,今各以类相从。儒墨名各家性与哲学相近,故特提出,而哲学名之,分为东方与西方哲学二目。宗教与哲学关系密切,亦并入之。术数则仍四库全书之旧,附于宗教之后。法家与纵横家多论政法,入于社会科学类。间有杂说,与小说相近,故附入小说类。文学类即仿四库全书集部,而增小说戏剧等目。楚辞四库另为一目,今并入别集。周代文学、社会科学以下各类,均参酌杜威氏分类法。惟遇细目不适用于中籍者,则加私意增删,或改易之,非敢臆造,期适合于中文图书之性质也。然仓卒编制,究不能免牵强之诮。顾以欧美各种分类法之能适用于时者,系多人之研究,历次之经验,始获详备也。今兹所举,焉足以语此,不过供吾国图书馆界之研究耳。兹将分类大纲列出如下:

〇〇〇　丛

　〇一〇　目录学

　〇二〇　图书馆学

○三○　　类书

○四○　　丛书（诸家合刻）

○五○　　丛书（一人自著）

○六○　　普通杂志

○七○　　普通社会报告期刊

○八○　　报章

○九○　　善本书

一○○　　经

一一○　　易

一二○　　书

一三○　　诗

一四○　　礼

一五○　　春秋

一六○　　四书

一七○　　孝经

一八○　　小学

二○○　　史地

二一○　　世界史

二二○　　中国史

二三○　　传记

二四○　　世界地理

二五○　　中国地理

二六○　　游记

七七〇　制造

七八〇　机器

八〇〇　艺术

八一〇　布景与陈设

八二〇　塑绣

八三〇　雕刻

八四〇　书画

八五〇　西洋画

八六〇　印刷制版及图案

八七〇　照相

八八〇　音乐

八九〇　游艺

至于欧美图书分类法之起源,则始于希腊亚历斯多德氏(Aristotle)。分人类知识为三类,第一类物理数学玄学,第二类伦理经济政治,第三类诗词文学美学。其后英国哲学家培根(Bacon),又有下列之分类。

Francis Bacon's Glassification 培根氏分类法

History(Memory)历史

Natural History 自然历史

History of Generations 进化史

Civil History 文化史

Ecclesiastical 宗教史

Civil History(proper)文化正史

Antiquities 古代史

Perfect History 全史

Lives 传记

Relations 记事

Cosmography 世界志

Learning and the Arts 学术

Appendices to History 别史

Poesy(Imagination)文学

Narrative 叙事的

Dramatic 戏曲的

Parabolical 寓言的

Philosophy(Reason) 哲学

Divine(Natural Theology) 神学

Natural 自然的

Speculative 理想的

Operative 实用的

Mathematic 数理的

Human 人类的

Philosophy of Humanity 人类哲学

Philosophy,Civil 文化哲学

Conversation 谈话

Negotiation 会议

Empire or State Government 中央或地方政府

132

迨一八七〇年，美国哈理斯（W. T. Harris）创有系统有记号之分类法。

W. T. Harris' Classification

Science 科学

    Social and Political Science 社会与政治科学

        Philosophy 哲学

        Religion 宗教

        Jurisprudence 法律

        Political Science 政治学

        Sociology 社会学

        Philosophy

    Natural Science and Useful Arts 自然科学与技艺

        Mathematics 数学

        Physics 物理

        Natural History 博物

        Medicine 医药

        Useful Arts 技艺

Art 美术

    Fine Arts 美术

    Poetry 诗

    Prose Fiction 散文

    Literary Miscellany 杂文

History 历史

Geography and Travels 地理与游记

Civil History 文化史

Biography 传记

Cyclopedias 丛书

Periodicals 杂志报章

同时法国布露勒氏，亦有记号之分类法。

J. C. Brunet's Classification 布露勒氏分类法

（French System，1810）

Outline 大纲

（A）Theology 神学

Ⅰ. Holy Scriptures 圣经

Ⅱ. Liturgy 祈祷式

Ⅲ. Councils 会议

Ⅳ. The Fathers 祖先

Ⅴ. Theologians 神学家

Ⅵ. Singular Qpinions 单独意见

Ⅶ. Judaism 犹太教义

Ⅷ. Oriental Religions 东方宗教

Ⅸ. Appendix 附录

（B）Jurisprudence 法律学

（a）Introduction 通论

Ⅰ. National and International 国内及国际法律

学

Ⅱ. Political 政治学

Ⅲ. Civil and Criminal 民法及犯罪

Ⅳ. Ecclesiastical or Cannon Law 教规或普通法

(C) Sciences and Arts 科学与艺术

Ⅰ. Philosophical Sciences 哲学

Ⅱ. Physical and Chemical Sciences 物理学及化学

Ⅲ. Natural Sciences 自然科学

Ⅳ. Medical Sciences 药物学

Ⅴ. Mathematical Sciences 数学

Ⅵ. Appendix to the Sciences 各科学之附录

Ⅶ. Arts 艺术

Ⅷ. Mechanical Arts and Crafts 机械艺术及手艺

Ⅸ. Gymnastics 体操

Ⅹ. Games, Sports 游戏；竞技

(D) Belles – letters 文学

Ⅰ. Linguistics 语言学

Ⅱ. Rhetoric 修辞学

Ⅲ. Poetry 诗学

Ⅳ. Poetry, Dramatic 诗词；戏曲

Ⅴ. Prose Fiction 散文小说

Ⅵ. Philology 文字学

Ⅶ. Letters 书牍

Ⅷ. Polygraphs 丛书

Ⅸ. Collections and Extracts 全集及选录

(E) History 历史

Ⅰ. Historical Prolegomena 历史序论

Ⅱ. Universal History 世界通史

Ⅲ. History of Religions and Superstitions 宗教
史及邪教史

Ⅳ. Ancient History 古代史

Ⅴ. Modern History 现代史

Ⅵ. Historical Paralipomena 外史

Ⅶ. Miscellanies, Encyclopædias 杂录;百科全书

Ⅷ. Journals, Literary, Scientific, and Political
文艺,科学及政治之杂志

Brown's Subject Classification 白朗氏分类法

A – Generalia 总类

A0 Generalia 总类

A1 Education 教育

A3 Logic 论理学

A4 Mathematics 数学

A5 Geometry 几何

A6 Graphic and Plastic Arts 绘画及雕刻术

A9 General Science 普通科学

B, C, D, – Physical Science 自然科学

B0 Physics, Dynamics 物理学;动力学

B1 Mechanical Engineering 机械工程学

B2 Civil Engineering 土木工程学

B3 Architecture 建筑学

B5 Railway, Vehicles 铁道;火车

B6 Transport, Shipbuilding 运输;造船术

B8 Naval and Military Science 海陆军事学

C0 Elcctricity 电学

C1 Optics 光学

C2 Heat 热学

C3 Acoustics 声学

C4 Music 音乐

C8 Astronomy 天文学

D0 Physiography 地文学

D1 Hydrography, Hydrostatics 水路测量术;静水力学

D2 Meteorology, Pneumatics 气象学;气学

D3 Geology, Petrology 地质学;岩石学

D4 Crystallography, Mineralogy 结晶学;矿物学

D6 Metallurgy, Mining, Metal Trades 冶金学;开矿术;五金业

D7 Chemistry 化学

D9 Chemical Technology 化学工艺

E，F – Biological Science 生物学

E0 Biology 生物学

E1 Botany 植物学

E2 Cryptogams 隐花植物

E3 Phanerogams 显花植物

F0 Zoology 动物学

F1 Metazoa 复细胞动物

F2 Mollusca 软体动物

F3 Insecta 昆虫学

F4 Pisces(Fishes)双鱼宫

F5 Reptilia 脊椎动物

F6 Aves(Birds) 鸟类

F7 Mammalia 哺乳动物

G，H – Ethnology and Medicine 人种学与药物学

G0 Ethnology 人种学

G2 Human Anatomy and Physiology 人体解剖学与生理学

G3 Pathology 病理学

G4 Materia Medica 药物学

G5 Therapeutics 治疗学

G6 Functions,Organs,Osteology 机能;器官;骨骼学

G7 Nervous System 神经系

G8 Sensory System 感觉系

G9 Respiratory System 呼吸系

H0 Blood and Circulation 血液与循环

H1 Digestive System 消化系

H2 Urinary System 泌尿器官系

H3 Reproductive System 生殖器官系

H4 Skin and Hair 皮肤与毛发

H5 Parasitical and Infectious Diseases 寄生病与传染病

H6 Ambulance, Hospitals, Hygiene 战地医院;医院;卫生

H7 Physical Training and Exercises 体育及体操

H8 Field Sports 田赛(户外竞技)

H9 Recreative Arts 娱乐术

I – Economic Biology, Domestic Arts 经济生物学;家政学

I0 Agriculture, Dairy Farming 农学;牧牛』

I1 Veterinary Medicine 兽医学

I2 Milling, Gardening, Forestry 制牛乳;园艺学;植林

I3 Wood – working 木工

I4 Textile Manufactures 织造术

I5 Clothing Trades 衣业

I6 Costume, Jewellery 服装;珠宝

I7 Vegetableand Animal Products 动植物出产品

I8 Foods and Beverages 食物与饮料

I9 Gastronomy, Domestic Economy 美食术;家庭经济学

   J, K – Philosophy and Religion 哲学及宗教

J0 Metaphysics 形而上学

J1 Aesthetics, Psychology 美学;心理学

J3 Philosophy 哲学

J4 Theology, Religion, General 普通神学;宗教学

J5 Mythology, Folk – lore 神话;野乘

J6 Church Doctrines 基督教义

J7 Fasts and Festivals 斋期与节日

J8 Church Covernment 教堂管理

K0 Non – Christian Churches 非基督教堂

K1 Bible 圣经

K3 Christology 基督论

K4 Early and Eastern Christian Churches 古代及东
   方之基督教堂

K5 Monarchism 帝国主义

K6 Roman Catholicism 罗马天主教

K7 Protestantism, Episcopacy 基督新教;主教管理

K8 Nonconformist Churches 不从国教之教堂

K9 Presbyterian and Other Churches 长老会及其他
   教堂

L – Social and Political Science 社会科学及政治学

L0 Social Science 社会科学

L1 Political Economy 经济学

L2 Government 政府

L3 Central and Local Administration 中央及地方行政

L4 Law 法律

L5 Trials, Actions 审讯;诉讼

L6 Criminology, Penology 犯罪学;刑罚学

L7 Contracts, Property 契约;财产

L8 Commerce and Trade 商业与营业

L9 Finance 财政学

M – Language and Literature 语言学及文学

M0 Language, General 普通语言学

M1 Literature, General 普通文学

M2 African Language and Literature 非洲语言及文学

M2 – 3 Asiatic Language and Literature 亚洲语言及文学

M3 Malayan – Polynesian Literature 马来波力利西亚文学

M4 European(Latin, etc.) Literature 欧洲文学(包括

拉丁等）

M5 European（Teutonic）欧洲文学（条顿文学）

M6 American 美洲文学

M7 Palæography, Bibliography 古体字；目录学

M8 Printing, Bookbinding 印刷术；装订术

M9 Library Economy 图书馆学术

　　N – Literary Forms 各种文学

N0 Fiction 小说

N1 Poetry 诗词

N2 Drama 戏曲

N3 Essays and Miscellanea 论文及其他

　　O – History and Geography 历史及地理

O0 Universal History 世界通史

O1 Archæology 考古学

O2 Universal Geography 世界地理

O3 Africa, North 北非洲

O4 Egypt 埃及

O5 East Africa 东非洲

O6 Central Africa 中非洲

O7 South Africa 南非洲

O8 West Africa 西非洲

O9 African Islands 属于非洲之岛屿

　　P – Oceania and Asia 大洋及亚洲

P0 Australia 澳洲

P1 Polynesia, Micronesia, etc. 波力利西亚；弥克朗利西亚等

P2 Malaysia 马来西亚

P29 Asia 亚洲

P3 Japan 日本

P4 China 中国

P5 Farther India, Malay States 印度；马来半岛诸国

P6 India 印度

P88 Afghanistan 阿富汗

P9 Persia 波斯

Q, R – Europe (South? Latin, etc.) 欧洲（南部；拉丁及其他）

Q0 Europe, General 欧洲通史

Q1 Turkey in Europe 欧洲土耳其

Q12 Turkey in Asia 亚洲土耳其

Q2 Palestine, Arabia 巴勒士登；亚剌伯

Q3 Greece 希腊

Q4 Balkan States 巴尔干半岛诸国

Q5 Italy 意大利

R0 France 法兰西

R6 Spain 西班牙

R8 Portugal 葡萄牙

S,T – Europe(North,Teutonic,Slavonic) 欧洲（北部;条顿属;斯拉夫属）

S0 Russia in Europe 欧洲俄罗斯

S15 Poland 波兰

S2 Finland 芬兰

S25 Russia in Asia 亚洲俄罗斯

S3 Austria 奥斯马加

S34 Bohemia 巴希米亚

S4 Hungary 匈牙利

S5 Switzerland 瑞士

S6 Germany 德意志

T0 Netherland 尼德兰半岛

T1 Holland 荷兰

T2 Belgium 比利士

T5 Denmark 丹麦

T6 Norway 挪威

T8 Sweden 瑞典

U,V – British Islands 大不列颠群岛

U0 Ireland 爱尔兰

U2 Wales 威尔士

U3 England 英格兰

V0 Scotland 苏格兰

V5 United Kingdom 英国

V6 British Empire 大不列颠帝国

W – America 美洲

W0 America,General 美洲通志

W02 Canada 加拿大

W1 United States 美国

W5 Mexico 墨西哥

W6 Central America 中美洲

W63 West Indies 西印度群岛

W7 South America 南美洲

W72 Brazil 巴西

W76 Peru 秘鲁

W78 Paraguay 巴拉圭

W8 Argentina 阿根廷

W83 Chili 智利

W9 Polar Regions 南极地方

X – Biography 传记

X0 Collective and Class 总传

X08 Heraldry 谱录

X2 Portraits 肖像

X3 Individual Biography 别传

迨至近世,而为美邦所通行,世人咸称道者,则有展开分类法(Expansive Classification),简称 E. C. ;美国国会图书馆分类法(Library of Congress Classification),简称 L.

C.；及杜威氏十进分类法（Decimal Classification），简称
D. C.。兹将各法大纲，分列于后。

（一）Cutter's Expansive Classification（Outline of Scheme）
　　喀德氏展开分类法大纲

　　A General Works 总类

　　B Philosophy 哲学

　　Br Religion 宗教

　　C Christianity and Judaism 基督教及犹太教

　　D Ecclesiastical History 宗教史

　　E Biography 传记

　　F History 历史

　　G Geography and Travels 地理及游记

　　H Social Sciences 社会科学

　　I Demotics,Sociology 社会学

　　J Civics, Government,Political Science 公民学；政治
　　学

　　K Legislation 立法

　　L Sciences and Arts 自然科学

　　M Natural History 自然历史

　　N Botany 植物学

　　O Zoology 动物学

　　P Vertebrates 脊椎动物

　　Q Medicine 医学

R Useful Arts 应用科学

S Constructive Arts(Engineering and Building)工程学及建筑学

T Fabricative Arts(Manufactures and Handicrafts) 制造

U Art of War 战术

V Athletic and Recreative Arts 体育与游艺

W Art,Fine Arts 艺术

X English Language 英语

Y English and American Literature 英美文学

Z Book Arts 图书学术

(二)Library of Congress Classification 美国国会图书馆分类法

    A General Works Polygraphy 总类　丛书

    B Philosophy Religion 哲学　宗教

      B – BJ Philosophy 哲学

      BL – BY Religion 宗教　Theology 神学

    C History – Auxiliary Sciences 历史——补助科学

      CS Genealogy 家谱

      CT Biography 传记　General 总传

    D History and Topography(Except America) 历史与地志(美洲除外)

D General History 通史

DA British History 英国史

DB Austria – Hungary 奥匈二国史

E – F America 美洲

E America(general) and United States(general) 美洲及美国通史

F United States(local) and America Outside United States 美国地方志及美国以外各地方志

G Geography Anthropology 地理 人类学

GB Physical Geography 地文地理学

GN Anthropology 人类学

GR Folk – lore 野乘

GT Culture and civilization 文化与文明 Manners and customs 礼仪与风俗

GV Sports and amusements 运动与娱乐 Games 游戏

H Social Sciences 社会科学

HA Statistics 统计学

HB Economic Theory 经济原理

HM Sociology, General and Theoretical 普通及理论社会学

J Political Science 政治学

K Law 法律

L Education 教育

M Music 音乐

N Fine Arts 美术

P Language and Literature 语言学及文学

　　PN – PV Literary history 文学史　　Literature 文学

　　PZ Fiction 小说

Q　Science　科学

R　Medicine　药物学

S　Agriculture – Plant and Animal Industry 农学——动植物实业

T　Technology；General　普通工艺学

　　TA – TH Building and Engineering Group　建筑及工程图样

　　TJ – TL Mechanical Group　机械图样

　　TN – TR Chemical Group　化学图样

　　TS – TX Composite Group　混合图样

　　TS Manufactures　制造

　　TT Trades　商业

　　TX Domestic Science　家政学

U Military Seience　军事学

V Naval Science　海军学

Z Bibliography and Library Science　目录学与图书馆学

（三）Melvil Dewey's Classification　杜威氏分类法

Second Summary

000　General Works 总类

010 Bibliography 目录学

020 Library Economy 图书馆学术

030 General Cyclopedias 普通百科全书

040 General Collections 普通丛书

050 General Periodicals 普通杂志

060 General Societies. Museums 普通会社出版物

070 Journalism. Newspapers 杂志；报章

080 Special Libraries；Polygraphy 特殊文库

090 Book Rarities 善本书

100　Philosophy 哲学

110 Metaphysics 形而上学

120 Special Metaphysical Topics 特殊形而上学之问题

130 Mind and Body 心与身

140 Philosophic Systems 哲学系派

150 Mental Faculties；Psychology 心理学

160 Logic. Dialectics 论理学

170 Ethics 伦理学

180 Ancient Philosophers 古代哲学家

190 Modern Philosophers 现代哲学家

200 Religion 宗教

210 Natural Theology 自然神学

220 Bible 圣经

230 Doctrinal Dogmatics Theology 教理神学

240 Devotional Practical 实际信仰

250 Homiletic Pastoral Parochial 传道牧师

260 Church Institutions Work 教堂事业

270 Religious History 宗教史

280 Christian Churches and Sects 基督教堂及

290 Ethnic and Other Religions 基督教以外诸宗教

300 Sociology 社会学

310 Statistics 统计学

320 Political Science 政治学

330 Political Economy 经济学

340 Law 法律学

350 Administration 行政法

360 Associations and Institutions 会社

370 Education 教育

380 Commerce;Communication 商业;交通

390 Customs;Costumes Folklore 风俗

400　　Philology 语言学

410 Comparative 比较语言学

420 English 英语

430 German 德语

440 French 法语

450 Italian 意语

460 Spanish 西班牙语

470 Latin 拉丁语

480 Greek 希腊语

490 Minor Languages 其他诸小国语言

500　　Natural Science 自然科学

510 Mathematics 数学

520 Astronomy 天文学

530 Physics 物理学

540 Chemistry 化学

550 Geology 地质学

560 Paleontology 古生物学

570 Biology 生理学

580 Botany 植物学

590 Zoology 动物学

600　　Useful Arts 应用艺术

610 Medicine 药物学

620 Engineering 工程学

630 Agriculture 农学

640 Domestic Economy 家政学

650 Communication;Commerce 交通;商业

660 Chemic Technology 化学工艺

670 Manufactures 制造

680 Mechanic Trade 机械营业

690 Building 营造

700   Fine Arts 美术

710 Landscape Carding 园艺

720 Architecture 建筑

730 Sculpture 雕刻

740 Drawing Decoration Design 画学;装饰;计画

750 Painting 绘画

760 Engraving 印画

770 Photography 摄影术

780 Music 音乐

790 Amusements 娱乐

800   Literature 文学

810 American 美国文学

820 English 英国文学

830 German 德国文学

840 French 法国文学

850 Italian 意国文学

860 Spanish 西班牙文学

870 Latin 拉丁文学

880 Greek 希腊文学

890 Minor Languages 其他诸小国文学

900　　History 历史

910 Geography and Travels 地理及游记

920 Biography 传记

930 Ancient History 古代史

940 Modern Europe 欧洲现代史

950 Modern Asia 亚洲现代史

960 Modern Africa 非洲现代史

970 Modern North America 北美洲现代史

980 Modern South America 南美洲现代史

990 Modern Oceania and Polar Regions　大洋洲
及两极地方

　　此三种分类法,均用记号代表书名。勃朗氏则以字母,杜威氏则以数目,国会图书馆则二者兼而有之。考其用记号之原因,盖将全书名及著者姓字写出,非但费时且不易记忆也。然用记号,有三原则:

一、简明

二、概括

三、有伸缩

未合此三条者，仍不得谓之完善之分类法也。

考各法之利弊，美国国会图书馆分类法，则分析精细、规制宏大，适用于大规模及高等专门图书馆。若一小图书馆而采用之，是每书所占之类，不啻一书一类。故普通图书馆，以用杜威氏者为宜。因其

（一）用数目表示纲目，使人易明易记。

（二）可伸可缩。

（三）虽一印刷小品，亦可包括靡遗。

（四）索引详备。

（五）历经实验有效。

（六）可适用于二十五万本以内之图书馆。

但亦有攻讦杜威者，谓其法

（一）太机械无科学的系统，如生理卫生不入自然科学，而入应用科学。

（二）号码太长，不易一望而知。

（三）小数点易于混淆。

（四）增加新书之空位，不甚适当。故新出一书，不能插入。若各任己意，则不能一致。

杜威氏分类法，系统学术为九类，每类递进，以数字代表。如一七三号，"一"字代表哲学，"七"字则代表哲学类之伦理学，"三"则代表伦理学中之家庭伦理。故管理者记其大纲，由纲以求目，以求目之目。此代表纲目之号

数,名曰分类号数(Class number)。设一书同类者有数十百本之多,究以何为先后,不免无轨可循。此有 Cutter,C. A. and Sanborn,K. E. 氏合编 Alfabetic – order Table 一书,即系将著者姓氏概编一号。凡书分类后,再依著者号数表检编著者号数。故除将同类之书,置于一处外,再依著者号数为次。一人著作,断无同类而至十数本者。则排列困难,自可免矣。

克脱氏分类法之记号,亦用字母代表。若一字不敷时,则用二字,甚为简单。难于排列与记忆,而各类繁简亦不平均,此非熟于分类者,不克用之。

分类方法　任分类职务者,平时应将所采用之分类法,详记其纲。至分书时,察该书之名维何。如为有机化学,就其名亦可知其在五四七类。设书名不明,则察看书名下之题解,再进察目录所列各章之意义。如仍有疑,应求之于序言,或参考于索引。终竟不明,惟有按全书内容如何以定之。

分类通则,为分类者所应注意,兹条列于下:

(一)一书为 Philosophy of Education 或为 Philosophy in Education 时,应视其重点所在而分之。

(二)须认定确当之位置。设有一内容复杂之书,既经确定位置后,如再遇之,须认定前者位置。否则此东彼西,于何求之。

（三）应就书分书，不能枉加批评以己意为归。

（四）须察著者意之所在。

（五）一书有二题时（如理化教科书其包含物理与化学），究何所从？

1. 视其内容，从其部分多者。

2. 就书面第一名。

3. 就图书馆之需要。

（六）一书有三四题时，如一书言高等教育及初中教育者，则察其共通之点分类之。

（七）图书无论置于何处，须具有理由，如教育哲学或置教育类或哲学。

（八）遇一新学说之书，而为分类法所未备者，应察其内容，就其类似而分之。

（九）就需要变通书之所在，应于原有处加一标识，注明移至之位置。

采用杜威氏分类法，应购备下列二书。

1. Dewey, Melvil, Abridged Decimal Classification and Relative Index, 3rd edition revised, ＄3. 25, 1921, Forest Press, Lake Placid Club, N. Y.

2. Dewey, Melvil, Decimal Classification and Relative index, 11th edition revised and enlarged, ＄8, 1922, Forest Press, Lake Placid Club, N. Y.

第十三章　编目法

图书馆为学术之宝库,然人之需要各有不同。若一一询诸管理员,管理员应付之人非一,势难详答。故不得不藉物以为之指针。此物维何,即目录是也。

(一)为知馆中有无此书,故有书名目录。

(二)为知某人所著之书,馆中已备何种,计有若干,故有著者目录。

(三)为知某类书数,故有种类目录。但一种资料,有散见于他书者,为应乎需要,又有分析目录。

(四)为知馆中已备书籍之种类数目,有书架目录。

此种种目录,若编制详尽,必能满检书者之望。目录形式有二:

(一)簿式　乃编印成册之目录。此为吾国藏书者所习用,今之图书馆仍然仿行。其利之所在,即能分布各方,使彼此明了所藏书籍种类,以为互借之媒介,并可为分类之参考。其弊即:

1.图书目录,最多年印一次,但图书日增,难以随时加入。

2. 均依类分，欲检查某人所著之书，颇不容易。

3. 多耗印费，甚非经济之道。

4. 排列欠当，故检查一书，须自始至终察看一过。

（二）片式　此种目录，系用纸片（如四十四—四十六图）编制。其利实得簿式之反，故今欧美各国咸通用之。

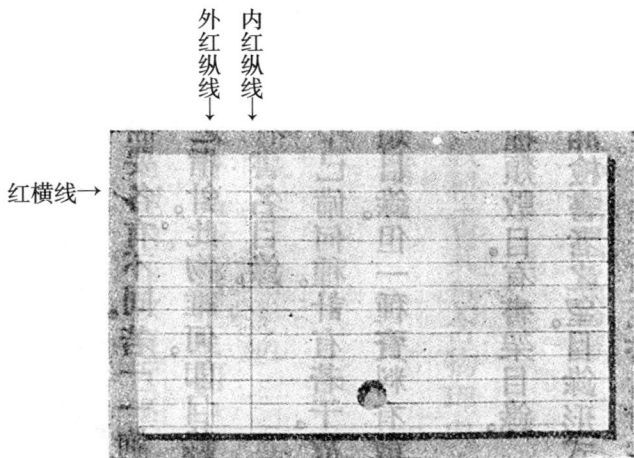

第四十四图

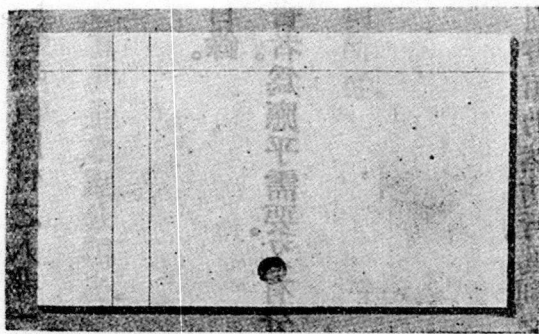

第四十五图

第四十六图

　　簿式目录编制法，系将全馆图书，依分类法按类排列而写印之。其排列以醒目为要，兹举一式于下以明

160

之。

别集　四二〇

魏晋以前四·一一

周　四二一·四

楚辞 五卷	汉王逸注	明刊本　　　　　　　　　二册	王铁珊先生赠
楚辞章注 一七卷	汉王逸注	在四部丛刊第五七七至第五 八一册	
楚辞集注 八卷	宋朱熹注	扫叶山房石印本　　　　四册	胡伯午先生赠
楚辞新注 八卷	清屈复注	四册	袁静谙先生赠
楚辞证 四卷	清林云铭撰	三让堂刊本　　　　　　四册	蒋竹庄先生赠
楚辞天问笺 一卷	清丁晏注	广雅书局刊本　　　　　一册	曹立权先生赠
楚辞人名考 一卷	清俞樾撰	在春在堂全书第四二册	
读楚辞 一卷	清俞樾撰	在春在堂全书第四一册	
屈　原	陆侃如编	上海亚东图书馆铅印本一册	亚东图书馆赠
〔附注〕书名须用大一号字,排印卷数著者等,均须用小一号字。各项 之排列,尤须齐一,以醒眉目。			

片式编制法,兹举例以明之。如今有廖世承著《教育心理学大意》,系中华书局出版,此本为民国五年印行之第三版。其应编之目,有下列各种:

(一)著者目录片(如四十七图)

五八〇.一一	廖	世承
四九〇		教育心理学大意
	民	十一,上海,中华,三版。
三七一七		二加二,加二四四,加一一页,插图。
		附录:
		各章参考书,
		中西名詞对照表。
		○

第四十七图

1. 著者之目录,以著者姓名为先,次则书名、版次、出版所、年份,再次页数、图解、附录等。所有左角上端五八〇·一一为分类号数(孟芳图书馆),下端四九〇为著者号数,三七一七为登录号数。

2. 著者姓名写在第一行红横线上,而介于内外红纵线之间。如第一行不能写完,可延长至第二行,惟应由内红纵线起。

3. 书名写在著者姓名之下,应由内红纵线起。设此行不能写完,可继续写至下行。但须写于内外红纵线之间,以醒眉目。

4. 页数写在出版年份之后,应另起一行。

5. 如书名未足表显书之内容时,可在其下端补注之。

6. 标点符号之应用。

一点·用在书名之后或可断之处。

二撇,用在意有未尽之句末。

（二）书名目录片（如四十八图）

五八○.——		教育心理学大意
四九○	廖	世承
	○	

第四十八图

1. 书名目录,欧美咸简明,只将书名及著者两项录之。但吾国检查书籍,习常以书名为主。故为通俗计,此书名目录所载,可与著者目录片同。

2. 书名应写在红横线上内红纵线内。

3. 著者写在书名之下,应从外红纵线之内起。

4. 如写与著者目录相同时,除2.3.两项外,余悉如著者目录。

（三）种类目录片（如四十九甲乙图）

1. 种类名应写在红横线上内红纵线内,惟字须用红色,以醒眉目。

2. 著者写在类名之下,应从外红纵线之内起。

3. 书名写在著者之下,应从内红纵线之内起。

4. 其余行格,悉如著者目录片。

5. 为备于教育类求心理书之指针。

五八〇.一一		心理——教育
	廖	世承
		教育心理学大意
		◯

第四十九图（甲）

		教育——心理
		见
	心	理——教育
		◯

第四十九图（乙）

设一书为数人合著者,除就每一著者分编著者目录外,余与编一人所著者同。惟一书之著者在四人以上,则择其最著名之一人而编一著者目录片。

（一）

五八九		颜	文初,佘伯昭,刘春泽合编
六六〇			菲律宾华侨教育考察团日记
三八四九			

（二）

五八九			佘伯昭与
六六〇		颜	文初,刘春泽合编
			菲律宾华侨教育考察团日记

（三）

五八九			刘春泽与
六六〇		颜	文初,佘伯昭合编
			菲律宾华侨教育考察团日记

　　设为丛书,则应编之目今以别下斋丛书为例,应有下列各种：

第五十一图

（一）

○四○		别下斋丛书
五五三	蒋	光煦辑
		民十二,上海,涵芬楼影印。
一八一五		二十册
		子目:
		周易集传八卷　龙仁夫
		诗氏族考六卷　李超孙
		春秋三传异文释二十二卷　李富孙
		续见第二页

（二）

○四○		二
五五三		靖海略纪　曹履泰
		箕田考　韩百谦
一八一五		碳石山水志　蒋宏任
		汉魏六朝墓铭纂例四卷　李富孙
		西洋朝贡典录二卷　黄省曾
		拜经楼题跋记五卷　吴寿旸
		石药尔雅二卷　梅彪
		德星堂家订　许汝霖
		续见第三页

166

（三）

		周易集传八卷
	龙	仁夫
		在别下斋丛书第一册
		◯

（四）

	龙	仁夫
		周易集传八卷
		在别下斋丛书第一册
		◯

1. 丛书目录片中之丛书名,应写在红横线上内红纵线内。

2. 著者名写在内红纵线内,次写版次年份。

3. 丛书目录除上图外,余悉与单本书同。

杂志、论著多为新思想新学术之作,为学者最要之参考。但检其资料,端赖目录。惟须各就需要,拟定标题,分别采取而分类之(如五十二甲乙图及五十三图)。至于普通应用目录,其式如五十四图。

		教育——教学法
	邢	定云
		教学法之新研究
		见教育杂志,民九十月,第十二卷十号。
		◯————

第五十二图(甲)

	邢	定云
		教学法之新研究
		见教育杂志,民九十月,第十二卷十号。
		◯————

第五十二图(乙)

		教学法
		见
	教	育——教学法
		◯————

第五十三图

168

	教	育杂志
		上海商务印书馆编印。
		月刊。插图。
		图书馆中有：
		第十二卷,第一至十二号,民九。
		第十三卷,第二至八号,民十。
		第十四卷,第一至十二号,民十一。
		第十六卷,第一至十二号,民十三。
		○

第五十四图

研究报告为学者心得之结晶,状况报告为施行事务之考证。此种小册,亦系最要之参考资料。为便检查,亦应编目。

目录之字,中文用正楷。西文或用打字、或写正楷、或向美国国会图书馆购之均可。

目录编定,其排列法(如五十五图),西文则依字母表为次。惟吾国文字,因结构不同,未能与之并论。虽有汉字索引制、永字八法及依笔画多寡为次等法,但检查时难以应手。似仍以字典部首为国人检字所习用,较他法为简易。其法:

(一)依《康熙字典》部首为次序部首,又以笔画多寡为次序,再依永字书写笔画时先后为次序。

(二)每一书目录片有三张四张不等,然均按照著者书名种类等项之第一字分类排列。例如郭秉文著《中国教育制度沿革史》，著者郭字，书名中字，类别教字，在郭中教三字中，均可查出。而郭字属部首邑部，中字属部首丨部，教字属部首攴部。则查郭字须在邑部，查中字须在丨部，查教字须在攴部。

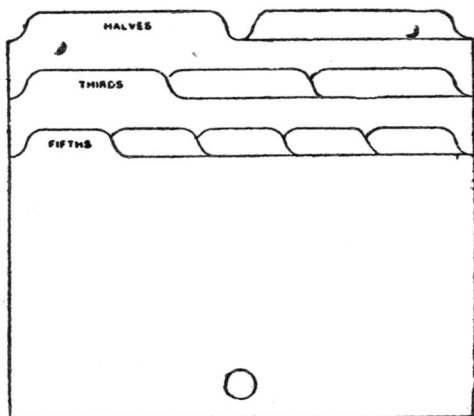

第五十五图

（三）字之不能决定其属何部者，先数其笔画若干，在检字若干画内查明其属部首某部，再在部首某部内查之。

（四）若同一笔画之字数多时，更以永字书写笔画为次。其次如：

永

丶（一）丶点　如永海之第一笔。

一（二）一横　如三大之第一笔。

（三）乛横直　如日目之第二笔。

（四）乛横直钩　如月同之第二笔。

（五）乛横斜钩　如刀力之第一笔。

（六）乙横右迤钩　如几九之第二笔。

（七）乛横短撇　如胥子之第一笔。

170

（八）フ横长撇　如又桑之第一笔。

（九）乛横耳　如陈之第一笔、乃之第二笔。

丨（十）丨直　如十自之第二笔。

（十一）乚直横　如区甚之最后之一笔。

（十二）乚直横垂　如吴之第四笔。

亅（十三）亅直钩　如才丁之第二笔。

（十四）亅反直钩　如衣之第四笔。

（十五））斜钩　如狗之第二笔、豕之第三笔。

（十六）乚右迤钩　如心之第二笔。

（十七）乚反长钩　如也之第三笔、元之第四笔。

丿（十八）丿上斜横　如子扌之第三笔。

丿（十九）丿撇　如人金仁徐之第一笔。

（二十）丿直撇　如月成之第一笔。

（二一）丿撇曲　如巢女之第一笔。

（二二）乚撇横　如红能之第一笔。

一（二三）一短撇　如重委季之第一笔。

丶（二四）丶捺　如人定巡之末笔。

（二五）乀捺钩　如戈之第二笔、我之第五笔。

附则　（一）写字之次序以离笔为先，其法自上至下、自左至右。

（二）如有笔画笔法均相同者，则画短者在前，长者在后，如己已巳八入大丈工土士未末刀力田由甲申等。

（三）习用字仍旧，如（1）言字第一笔为点不作画、

171

（2）礻不作示、（3）又不作又。

（四）各字均以宋体所刻者为准，以习惯上便利起见，爰定标准四例。

1. 阝二画宋体三画。

2. 辶三画宋体四画。

3. 艹四画宋体三画。

4. 糸六画宋体七画。

（五）如此外尚有疑难字画，随时自定标准。

第十四章　出纳法

出纳法者,为流通书籍而施行之手续也。

(一)须简捷

(二)须正确

惟各馆之性质及情形不同,则施行手续亦异。但为普通所必有者,即借书券。吾国旧法,每取一书,必写一条,既不便于庋藏与检查,而多废写字之时间与纸之经济,甚不适宜。今通行者即于每书制书片(如五十六甲乙图)一张,插于书片袋内。俟有人借某书时,即将书片抽出,交借者签名于上。按片之分类号数,依次排列。待书还时,查书背分类号签所志之分类号数,依其号数检得借书片,而注销其姓名。查对书片所载之分类号数、登录号数,与书内标识签所载之分类与登录号数是否符合,然后还插于书内。此片之利:

(一)节省书写之劳。

(二)一片可用百余次。

(三)便于庋藏与检查。

二六二	一七二八	徐曦		
三二〇				
东三省纪略				
贾如				
毕喻				

第五十六图（甲） 正面

第五十六图（乙） 背面

至于杂志及报告小册之借出，则另有借杂志片（如五十七图）。图书馆借阅书籍，有限于在阅书室阅览者，有除参考书（如字典百科全书）等及善本书籍外，其他均可借出者。其完全限制者，施行上项手续即已足矣。若有

174

一部分可以借至馆外,并有期限之规定者,则书券应分数色,以资识别。凡可借至馆外者,必有资格之规定。但来馆者是否合于规定,馆员何从分别,故须令借书者填具介绍书(如五十八图),经馆长核定发给借书证(如五十九图),凭证借书。

卷数	号数	出版期	借者	借出期	归还期

第五十七图

（英文姓名）　　　　　　　　　　（借书证号）

中文姓名＿＿＿＿＿＿＿＿＿＿字＿＿＿＿＿＿＿＿＿＿＿

职业＿＿＿＿＿＿＿＿＿＿＿＿＿＿＿＿＿＿＿＿＿＿＿＿＿

现在住址＿＿＿＿＿＿＿＿＿＿＿＿＿＿＿＿＿＿＿＿＿＿＿

长久通信处＿＿＿＿＿＿＿＿＿＿＿＿＿＿＿＿＿＿＿＿＿＿

介绍者＿＿＿＿＿＿＿＿＿＿通讯处＿＿＿＿＿＿＿＿＿＿＿

时期＿＿＿＿＿＿＿＿＿＿附注＿＿＿＿＿＿＿＿＿＿＿＿＿

国立东南大学孟芳图书馆借书人存查单

第五十八图　正面

175

今承借阅图书

誓愿遵守馆章

领借书证者----------------------------

（签名盖章）

第五十八图　背面

国立东南大学子芳图书馆

姓名 ⋯⋯⋯⋯⋯⋯⋯ 数 0001

（一）借书证
（二）此证遗失补证纳金五角
（三）书满借期应即归还本馆不另通知

所借中文书		所借西文书	
借　期	还　期	借　期	还　期

第五十九图　正面

第五十九图　背面

此证之使用，即每借一书盖一日戳。察其所盖日戳之数，可以知其所借本数，殊甚便也。每人所借之书，应登录于借书登录片（如五十九图）。

至还书时，除将书券之名消去外，并应就借者之姓名，检出而注销其所还之书。

无论借书在室内阅览或借出馆，均应将借阅图书须知事项明文规定，俾众咸知。惟此种须知事项。

（一）须就本馆性质及所处情况而定，若一意模仿他人，是犹削足以适履也。

（二）措词应用自治法，若用命令式以制其行为，其人不明其所以或有昧而为之者。不如用自问之辞，引起良心上之感动，其效当较前者为大。如美国波斯顿图书馆日报室布告曰：

此新闻无二次之印刷，若自我污损不获更新，使后之读者永抱欲睹无从之遗憾，吾心安乎。

（三）条文须言简义赅，使阅者一目了然。若冗长则阅者因繁而中辍。

（四）应列事项：

甲　借阅图书手续。

乙　图书是否可以借出，其范围如何。

丙　借者须得如何之介绍。

丁　每次所借册数与日期。

戊　逾期如何处置，抑纳金抑停止借阅图书之利益。

己　损失赔偿之办法。

庚　阅书室之卫生。

辛　书籍之保护。

第十五章　装订修补法

杂志、日报为参考必需之资料，既须加以装订，而书籍历经流通，必有所损，亦须行重订或修补者。故述其法如下。

（甲）装订法

（一）中式装订　装订中式书籍，首折书页。其法有二：一曰复折，即每页对齐板口之线而复折之，佳本书多如此；二曰捻折，亦曰提折，即用指捻书页之板口，累数页而倾折之，故所折者不无参差，此于次等书可用之。再依次排之，是曰分书，亦曰排书。但书数少者，类多先分后折。分后即行齐线法，有挨齐与撒齐之分。挨齐者页与页挨线而齐也，此汇折成之书页，以左手倾书页之角，以右手移书页挨线而齐之，大都由上页而齐至下页。撒齐者将折成书页汇之，撒开如扇，用指挑书页而齐之，大都由下页而齐至上页。但齐线恒以下脚为标准，盖木板书籍版心类多不一，而书之下脚又较天头为小，若尽齐其上，则版心大之书页，其下脚之短，显而易见，既不美观，又难重订。故不如齐下而使上虽有参差，在天头空位长处尚不觉也。书有无边栏者，则依版口上之字齐之。齐后加附页订小草订（亦有不加附页）上书面（有环筒者有单页者）用快刀切之，再用细砂石打磨光平，然后钉眼、穿线、贴签。惟装订时，应行注意者：

1. 书页要折得直、压得久、捉得齐。

2. 钉书眼要钉得细而圆，打得正而少（通常四眼或六眼），多则伤脑。日后再钉，即眼多易破，接脑烦难。

3. 砂石打磨，用力须轻而匀，则书根光而平。

4. 钉线要钉得牢、嵌得深，方能不脱。

书壳　书壳有布者、有纸者。纸者有二，为今通行。

1. 栗色书壳纸　此纸用毛边纸刷以栗色而裱成者，普通书籍多用之。

2. 瓷青书壳纸　此系用太史连（又名杭连）拖以瓷青之色而裱成者，佳本书籍多用之，此纸产于苏州。

（二）西式装订　将印成之书叶，依版口大小折成可切之书。帖折分人工机器两种。凡纸张坚厚者，则用机器。俟折成乃依页次排列，并酌定抑为铁丝钉、抑穿线钉。若为铁丝钉，则整齐后置于轧机内轧紧，以胶水涂背使固，其脊即以铁丝钉之，装以书面，再三面切光而平装之，书成矣。若为穿线钉，则整齐后将帖数复过以机器锯眼人工穿线，再置于压机内压之使坚紧，然后三面切之，做花口金口或书口索隐完成即上书壳。书壳有硬布、软布、冲皮、真皮等。而皮之中，又有全皮、皮脊、皮角之分。

做书壳之法，先将绉布裁好，将黄厚纸开好，一人拖胶水，一人装黄厚纸，一人将布边及布角折进，一人修整，不使面上有绉纹。乃发火印烫金、烫银、烫粉，于是书壳成矣。

书壳完成，乃与书籍配合，置轧圆脊机内轧之，再置轧书架内轧之，取出则洋装之书成矣。

（乙）修补法

（一）中国旧书　中国旧书受损，有风伤、虫蛀、霉烂、水湿、撕破之分，而水湿又有有渍无渍之别。故修补之法，各因其类而异。兹分述于下：

1. 风伤　风伤者，书经烈风火逼纸色红脆，手触即鳞片落也。此种书大都经过北方之收藏，始能有之。欲修补之，须视其轻重。重者书之两头，须用极薄而有韧性之纸补之，然后再行衬纸。若不衬纸，则数十页相集，两端必高而中凹，惟衬则可免。其伤轻者，只衬可也。

2. 虫蛀　蛀孔过多者，须补完候干再衬。若一本只有数页，可补而不衬。补蛀孔时，若孔为数个相连者，可用一纸补之。若不相连续而距离稍宽者，须分补之。惟补孔之纸应与孔齐，若溢出范围，则此孔与彼孔四周所余之纸相叠，其地位必较他部为厚也。

3. 霉烂　书经霉烂，若能揭开，尚可修理。惟揭时有难揭者，可用针挑之。揭开后下衬以纸，平铺喷水，将墨线字脚对齐,方可下笔托裱(若用干补书将随笔而去)。裱后将下层衬纸翻上揭去(倘不将衬纸翻上遽揭书页则书页早经水湿必受指揭之损害),揭后用纸隔干,约每三四张隔书一页。

4.水湿　书经水湿,须每页摊开喷水,用棕刷刷平晾干再钉。书为善本,水湿而有渍历时不过十年者,可用法洗之。即将硙水炖于炉上,临炉用笔蘸硙水洗刷之(全张均要刷到),再用清水漂过,至无渍为度。设仍不净,可用开水冲洗,清水漂之,净后用纸隔干。

接衬法

设书两端,有一部分短小而不美观,或后脑短小不敷钉眼者,均须接之使长大。或书为配本,欲使与原有者相齐,亦须接之。惟接非用浆糊黏贴,乃系将纸衬入耳。衬法有二:

1.古衬　为保存古书颜色计,先将衬纸截比原书大约一线,再行衬入,故又名惜古衬。

2.新衬　衬纸比原书长,衬好后再用刀截,故不克将原有书边带去。旧书经此一截,新象立显。此衬法名曰金镶玉,亦曰穿袍套。

(二)西书　西书脱页过多,则须重钉,少则以糊黏之。缺角扯破,则用极薄透明之纸罩补之。墨污可用肥皂轻轻洗去,虽不能整理如原,然亦可字迹显明。

装钉中文书籍,雇一技师即可从事。西书则应用机械,不易举办,势须交由书店代制。惟其应行注意之事项及行款,则有下列之通知格式。

装订号数＿＿＿＿＿＿＿＿＿＿＿＿＿＿＿＿＿

请照下列各项办理

书壳

　颜色＿＿＿＿＿＿＿＿＿＿＿＿＿＿＿＿＿

　材料＿＿＿＿＿＿＿＿＿＿＿＿＿＿＿＿＿

　高＿＿＿＿＿＿＿＿＿＿＿＿＿＿＿＿＿＿

书背

　字式如此纸后面

　字色＿＿＿＿＿＿＿＿＿＿＿＿＿＿＿＿＿

　备注＿＿＿＿＿＿＿＿＿＿＿＿＿＿＿＿＿

＿＿＿＿＿＿＿＿＿＿＿＿＿＿＿＿＿＿＿＿

但书名各有不同,书背应写之字因之亦异。兹将格式分列于下:

教育杂志	第十四卷	第一一六号	十一年	东大图书馆	
Beecher	Sermons		1	252 B398	
914.5 qJ23 James	Italian Hours				
Patton	Home and School Sewing	Rorer Hot Weather Dishes		641 R694	
Bancroft	Worke	30	Oregon 2	979.5 B22	
Kipling Balestier	Naulahka			K575	
Plato	Dialogues	Jowett	1	888 P69	
National Conference on city Planning	Proceedings	1	Chicago	352 N23	
	Nineteenth Gentury		Jan. – June 1894 35		
	Nature		Nov. 1895 Apr. 1896 53		
	National Municipal Review		1913 2		

教育杂志	第十四卷	第一—六号	十一年	东大图书馆	
	Littel's Living Age		July – Sept. 1888 178	Series 5 63	
	Independent		Apr. – June 1903 55 Part 2		
	Punch		1882 82 – 83		
Griggs	Use of the Margin		170 – G87		
	Harper's Magazine		Index 1 – 40		
	Monist		1908 18	Index 1 – 17	

图书馆装订或个人修补书籍。

（一）须量经济力而行。

（二）须审察该书之价值若何　若为一年鉴,则此书每年发行一次,当以新者切用,旧者自无重装之理。再如一书售价五角而装钉费与之相等,则重钉不如重购也。

（三）须审察该书是否时要阅览。

第十六章　目录学

　　目录学者,关于图书实质形式方面有专门之学识也。考目录学英文为 Bibliography,其字源本于希腊书与写二字而成其义,即钞书之谓。盖古者无印刷之事,而书籍流传亦罕。今之目录学在当日未足以成其专门之学,惟因无版本之通行,钞书者之位置当然因之增重。且鲁鱼亥豕关系学术者尤钜,故往者钞书颇多达儒兼工书者为之。前代之精钞,今收藏家珍如拱璧,诚有足珍之价值,而无愧其可以专门家称也。自印刷发明图籍广布,钞书之事,已无足重轻。所谓目录之学,乃另为专门之学。其所研究者,图书实质则内容与著者,形式则版本是也。内容如书中旨归要略及是非所在、其关系某项学术者如何。著者如其略历、著书时期,及学术之派别纯驳如何。版本如出版时期,其版本有几种,格式大小、页数、行数、字数、装钉、纸料及其他关于版本之考证等优劣之比较如何。皆应知之事也,而非旦夕可期其效也。吾人得关于目录学之专门著述以求之,则事半而功倍,否则茫然奚所问津乎。至于目录之性质,可分为数种。

（一）普通书目录　其目录所载为一切普通之书,如各图书馆书目,则普通收藏之书目录也。而如某代之艺文志之限时期、某处艺文志之分地域、某科专门目录之辨部类、某人著作目录之别著者,皆不谓之普通书目也。

（二）国家书目录　所载为一国著作出版之图书,而不及他国者。如四库书目,即中国之书目也。

（三）营业书目录　书籍发行所为推广营业而编制其所发行出版之书目,如商务印书馆之图书汇报及出版界等是也。

（四）著者目录　专论一人著作之书籍及评论一人所著之书籍,此目录中国罕例可举。

（五）分类目录　即某类学术之专门书目,如金陵大学中国农书目录汇编是也。

（六）著者列传附著者目录　著者列传中附载所著书之种类,如各名儒列传中多有之。兹将中西最要目录列举一二于下以资参考。

中国

（一）《郡斋读书志》二十卷、后志二卷,宋晁公武撰。赵希弁重编并撰考异一卷、附志二卷。陈氏刊小字本　此所谓袁本也　嘉庆己卯汪氏刊本较四库著录之袁本收书倍之解题亦多至数倍顾千里云汪刻本小学类中当画分六段自第二段以下皆错简也

1. 是《读书志》后志所录诸书,至南渡而止,附志则

兼及庆元以后。

2. 是书以经史子集分部，经凡十类、史凡十三类、子凡十八类、集凡四类。次序有法，足为考证之资。

3. 是书部类，各有解题，为藏书家所依据。马端临之《经籍考》，即据此而作者也。

（二）《直斋书录解题》二十二卷，宋陈振孙撰。聚珍本 明万历武林陈氏刊本　抱经堂卢氏有新订此书五十六卷次序与聚珍版不同 系从不全元刊本重为校订似未刻　卢校后吴槎客又有增校本陈仲鱼有跋 苏州书局刊本

1. 是书原本已佚，今所存者，乃清季从《永乐大典》中录者。

2. 是书以历代典籍分为五十三卷，各详其卷帙多少、撰人名氏，且为品题其得失，故曰解题。其书不标经史子集之目，而核其所列经之类凡十、史之类凡十六、子之类凡二十、集之类凡七，仍不外乎四部之说者也。

3. 是书可考见诸书源流，故马端临《经籍考》，以此书为蓝本。

（三）《钦定天禄琳琅书目前编》十卷，清于敏中等奉敕编，光绪甲申长沙王氏刻本。

1. 乾隆九年诏编内廷秘笈为天禄琳琅，乾隆四十年重为补辑定著。此目以经史子集为纲，书则以宋金元明刊版朝代为次。其一书而载数本者，用遂初堂书目例，详其题跋、姓名、收藏、印记，并兼用铁网珊瑚例。

2. 同一书而两椠均工，同一刻而两印各妙者，俱从并

收,以重在鉴藏不嫌博采也。

3. 卷中于每书首举篇目,次详考证,次订鉴藏,次胪阙补。至考证于锓刻加详,于向来志书目者少异,则是编体例宜然尔。

4. 诸书每册前后,皆钤用御玺。

(四)《钦定天禄琳琅书目后编》二十卷,清彭元瑞等编,光绪甲申长沙王氏刻本。

1. 嘉庆丁巳十月,乃有天禄琳琅后编之辑,越七月编成,合前后二编校之。其书中体例记载,一依前帙。互见别出,各有源流,而其规橅有拓而愈大析而弥精者。如前编书四百部,后编则六百六十三部,万有二千二百五十八册,视四库全书逾三分之一。前编宋元明外,仅金刻一种,后编则宋辽金元明五朝俱全。

2. 是书所载不及前编之可据,如卷四之史记集解索引正义一百二十卷,目录后印校对宣德郎秘书省正字张奈八分书条记,因定为元祐时刊,此书不见于各家书目。宋时官刻书,又无此体式。其用八分而不用真书,正以掩其诈耳。其他错误尚多,不可不加之意也。

(五)《四库全书总目提要》,清纪昀等奉敕编,内府刊本,浙江刊小字本,广东刊本,点石斋石印本。

1. 是书以经史子集提纲列目,经部分十类、史部分十五类、子部分十四类、集部分五类。或流别繁琐者又各析子目,使条理分明。所录诸书,各以时代为次。

2. 四部之首,各冠以总序,撮述其源流正变,以挈纲领。四十三类之首,又各冠以小序,详述其分并改隶,系以条目。

3. 每书先详著书姓氏,次爵里,以论世知人,可以一览了然。

4. 是书主考订异同、辨别得失,故辩驳之文为多。然大抵于众说互殊者权其去取,幽光未耀者加以表章。至于马班之史、李杜之诗,定论久孚,无庸更赘一语者。则但论其刊刻传写之异同,编次增删之始末,著是本之善否而已。

(附注)如不能购备此书,可购《四库简明目录》。该书即就总目提要删繁举要,略言各书原委、著者世次爵里,使人一览了然。

(六)《四库简明目录标注》二十卷,邵懿辰撰,清宣统三年仁和邵氏家刻本。

1. 是书命意,在分别本之存佚与刻之善否。

2. 四库所储,有不应收而收者,有应收而不收者,有所收之本不及未收之本者,有所收据大典而原书尚有旧刻旧钞者,有无宋元旧刻,只有明刻,为祖本者。明与清先后几刻,有足有不足、有佳与不佳,而四库未收之本。后出之书,以类相从,夹注于后。

3. 是书为莫友芝编《邵亭知见传本书目》,据以为府本者。

190

（七）《四库未收书目提要》五卷，又名《研经室外集》，清阮元撰，阮刊本。

1. 是书补《四库全书总目提要》之遗。

2. 是书著录诸书，为阮元在浙时所购得者，故其搜集只限于局部，未可以完璧视之。

（八）《皕宋楼藏书志》一百二十卷，清陆心源撰，光绪八年十万卷楼刻本。

1. 是书仿张氏金吾爱日精庐藏书志例，载旧椠旧钞之流传罕见者。惟张氏以元为断，此则断自明初。

2. 有未经四库全书所采入者，仿晁陈两家例，略附解题以识流别。

3. 所载序跋断自元人止，明初人之罕见者，间录一二。至先辈时贤手迹题识校雠岁月，皆古书源流所系，悉为登录。其收藏姓氏印记，间录一二，不能备载。

4. 宋元刊本，备载行款缺笔，以便考核。

5. 所载序跋，或钞帙辗转传写类多舛讹，或椠本字迹蠹落、间有缺失。凡无别本可据者，悉仍其旧。

6. 标题一依原书旧式，所增时代及撰著等字，以阴文别之。

7. 一书而两本俱胜者，仍仿遂初堂书目例并存之。

8. 是书宋刊至二百余种、元刊四百余种。

9. 是编约书十五万卷，而坊刻不与焉。

（九）《楹书偶录正续编》，清杨绍和撰，同治己巳年海源阁刊本。

1. 是书分经史子集四部,部各一卷,凡百七十有一种。

2. 是书专录宋金元明校本钞本。

3. 是书目所载之书,乃海源阁所藏。

（十）《书目答问》,清张之洞撰,四川大字本松隐阁活字本及坊间石印本。

1. 是书目凡无用者、空疏者、偏僻者、駁杂者不录,古书为今书所包括者不录,注释浅陋者、妄人删改者、编刻讹谬者不录,古人书已无传本、今人书尚未刊行者不录,旧椠旧钞偶一有之、无从购求者不录。

2. 是编为分别条流慎择约举视其性之所近,各就其部求之。又于其中详分子目,以便类求。一类之中,复以义例相近者使相比附,再叙时代,令其门径秩然。

3. 经部举学有家法、实事求是者,史部举义例雅饬考证详核者,子部举近古及有实用者,集部举最著者。

4. 多传本者举善本,未见精本者举通行本,未见近刻者举今日见存明本。

5. 汉书艺文志有互见例。今于两类相关者,间亦互见,注其下。

6. 凡清朝人不书时代。

（十一）《邵亭知见传本书目》十六卷,清莫友芝撰,上海西泠印社排印本、扫叶山房石印本。

1. 是书著录之书，大抵见于四库简目，间及存目与四库未收者。

2. 是书于各书名下详注经过之版本，与《四库简明目录标注》相仿，可参用之。

（十二）《增订丛书举要》六十卷，杨守敬原编，李之鼎补编，民国七年江西南昌宜秋馆铅印本。

1. 此录以丛书为限，其非丛书丛刊汇编或一人著述多种可入自著丛者。凡单行精本鸿篇钜帙均不阑入，惟十三经二十四史等书单行善本，及宋元明旧刊间附于后。

2. 此编改明以前所刊，为前代丛书部。清朝所刊，为近代丛书部。各部又以类相从。

3. 是书所列，共一千六百五种。

4. 各省书局所刊之书，虽非汇刊，列其目以备采购，稍变其例附于书后。

5. 录中书朝代于人名之上，惟本朝人不书。间有断代为书者，亦同此例。

美国

（一）谢宾氏美国文汇（Joseph Sabin：Bibliotheca Americana）

是书专载与美国有关系之书，或专论美国之书自寻获以至现在。系谢氏在纽约自行印行。所费时日，自一八六八至一八九二年。成书二十巨册，价值约美金二百元。

谢氏苦心孤诣、竭力搜罗,凡关于美国及在美国之书籍,无不列入。详具参考资料,不注书价,间亦有指明某图书馆有某书者。编至第二十册后部时,谢氏未及再续,旋即辞世。而书仅编出 A – Smith, H. H., 其后爱美氏(Wilberforce Eames)赓续编之,故今称完璧。

(二)美国书目(American Catalogue of Books)

是书为数名家所辑,系集一八七六至一九一〇年一切出版书籍,纽约出版界周刊社(Publishers' Weekly)于一八八一至一九一一年分编出版。

第一编凡二卷,列著作人及书名书类,卷末附参考资料目录。凡一八七六年七月以前之书目,概行列入。售价美金二十五元。为 F. Leypoldt & Lynds E. Sones 二氏所辑。

第二编所集系自一八七六年七月至一八八四年六月出版书籍,依著作人书名书类,以首字依英文字母排列。计二卷合订一册,售价十五元。为 R. R. Bowker & A. I. Appleton 等所辑。

第三编所集系自一八八四年七月至一八九〇年六月止,编制与二编相同。计二卷一册,售价美金十五元。为 R. R. Bowker & A. I. Appleton 等所辑。

第四编所集系自一八九〇年七月至一八九五年六月止,编制仍与前二编同。计二卷一册,售价美金十五元。

第二编至第四编,并列美国政府出版物及各种学术研究会出版物之目录。

第五编所集系自一八九五年七月至一九〇〇年一月出版书籍，亦依著作人书名书类，开首英文字母序列。编凡二卷，合订一册，售价十五元。末无附录。

第六编所集为一九〇〇年一月至一九〇五年一月出版书籍，著作人书名书类一律排列。售价七元半。

第七编所集为一九〇五年一月至一九〇七年十二月出版书籍。

第八编所集为一九〇八年一月至一九一〇年十二月出版书籍，著作人书名书类均一律同前排列。

（三）美国图书目录（United States Catalogue）

是书为 Marion E. Potter 所编辑。所集为一九一二年一月以前美国出版书籍，及其他一切出版物目录，计有书名十六万以上。为纽约 H. W. Wilson 公司出版，售价三十六元。其第二帙系集一九一二年至一九一七年美国出版书籍目录而成，计有书名十万。亦为 Marion E. Potter 所编辑，H. W. Wilson 公司所出版，售价二十四元。其第三帙系集一九一八年至一九二一年六月美国出版书籍目录而成，为 Eleanor E. Hawkins 所编辑。仍为 H. W. Wilson 公司出版，售价十二元。

兹书于著作人、书名、书类、装订式样、页数、版数、书价、出版时期、印行者记载最为详确。初辑此书时，在一九〇〇年（纽约省立图书馆现有此原本）。其后一九〇三年再版，一九〇六年三版。即搜集当时以前书籍目录，嗣后逐渐积订，而成全豹。复大加刷新，广集材料。不但美国所有书肆中之书籍目录详细无遗，即私家所藏及小书铺、加拿大之出版物，各大学校研究会、官厅出版物，更有农业部、工商部、教育部、地质调查部、公共卫生部、医院、国会、图书馆、斯密森社（Smithsonian Institution）、国家博物院、美国人种研究学社、国家经济讨论会，以及美国所有出版物参考资料，无不列入。一九〇六年之后，书目补考（Cumulative Book Index）中之书籍目录，亦概编入。但已经绝版之书，即注绝版二字。每书除列著作人书名书类版数时期发行者书价及页数而外，并列国会图书馆出售图书目录片之号数（L. C. Number）。且将各书分晰提纲，依英文开首字母排列，俾便检查。如不知著作人姓名者，迳可查书名或书类，因其互相参证也。又列英美各出版处之名目约三千家，诚普通实用之书也。

（四）书目补考（Cumulative Book Index）

是书分二种：（1）年刊，（2）月刊。年刊系于年终时，将各月刊集合排成一序（One alphabet），每部售价三元半。初期出版自一八九八年出版以来，至今未断，系纽约 H. W. Wilson 公司出版。月刊初版在一八九八年，系按月将美国出版书籍目录征集，每月印行一册。迨至一九一二年改为两月一册，至一九一六年仍复为每月一册。年计九册，因二月七月十二月停版也。全年定价十二元。

至年终合订而成年刊,年刊合订而成美国图书目录,故其检查法及编制法,无殊美国图书目录。

（五）出版界年刊（Publishers' Trade List Annual）

是书系纽约出版界周刊社（Publishers' Weekly）出版,创始于一八七二年,至今仍陆续出版。每本售价二元半。斯书系照出版书局之名,开首英文字母排列,各书局自依其方法列其书籍目录。每年八月间出版。与此书互相参证者有索引二本,以著作人书名书类为检查方法。惟此书第一至四卷,原名为 Uniform Trade List Annual。

（六）书籍评论汇编（Book Review Digest）

是书自一九〇五年创始,陆续出版以至今日。亦为纽约 H. W. Wilson 公司印行,每年定价五元。月出一册,但一年汇订一册者,定价三元。

是书第一卷原名 Cumulative Book Review Digest,后更今名。一九〇五年至一九一三年合十二月订成一册,一九一四年后合二月订成一册。此书专集美国书籍及英美杂志目录,依著作人为顺序,而具书名及书类为索引,以便检查。因每书均列著作人书名出版地名出版者及售价,兼其简明评注,贬褒悉备。每月出一册,八月订半年刊一次,二月订全年刊一次。

（七）出版界周刊（Publishers' Weekly）

是刊创于一八七二年正月,至今仍陆续出版。为美国一种书业杂志,系纽约出版界周刊社出版,全年定价四元。

第一第二两卷原名 Publishers' and Stationers' Weekly Trade Circular,系继一八五一年至一八五五年 Norton's Literary Gazette 及一八五五年至一八七二年 American Literary Gazette 而作,后更今名。所集为美国出版书籍目录,而加以评论焉。每星期出版一次,依著作人顺序而列。且预告将要出版之书,兼列注释社论及征求书籍之广告。每月亦集刊一次。下列者为其特色,即三月出春季号,五月出夏季号,七月出教育号,九月出秋季号,十二月出圣诞号也。

英国

(一)华德氏大英文汇(Robert Watt：Bibliotheca Britannica)

是书搜载英国出版书籍目录,而于他国者亦间及之。于一八二四年由爱丁堡 Constable 公司出版。书分四卷,定价约十五元。

第一第二两卷首列著作人姓名,次为生死日期及传略著作书籍(依出版先后为序)版数出版处形式大小书价等。第三第四两卷首列书类次及书目,而以出版期为序,其不详著作人者仅列书类。此书为研究英国文学者必要之参考书,盖于文学书籍详载无遗也。

(二)爱利般氏英美著作家评论(Samuel Austin Allibone：Critical Dictionary of English Literature.)

198

是书所集，为十九世纪末叶以前英美有名著作家四万六千，书类索引四千。其续编所集著作家三万七千，书目九万三千。均为葛克氏（John Foster Kirk）所辑，于一八九九年由斐省 Lippincott 公司出版。全书五卷，定价十七元半。

此书一部分系根据华德氏大英文汇而作，惟多所修正。其排列法系依著作人首字为序，每著作人后附列略传及所著书籍时期，而附以评论及参考之资料。

（三）郎德氏英文书目史编（William Thomas Lowndes：Bibliographer's Manual of English Literature）

是书为彭氏（Henry G. Bohn）重编，所加资料颇富，故蔚成巨观。一八五七年至一八六四年俱有彭氏重印本，纽约省立图书馆且有一八三四年毕克林氏（Pickering）订本、彭氏一八六四年订本、倍尔氏（Bell）一八五八年至一八六四年又一八七八年至一八八一年订本，今可在英伦（London）公司购得之。一八八五年印本分六卷，定价三十先令。

郎氏此编专集秘本书目，凡自发明印刷术时所印之书或抄本均列入之，并载著作人姓名传略评论及现今所值之价格等。末附录文学及科学研究会与私家印刷处所名目等。初次在一八三四年出版，迨后再版增益甚多。

（四）博物院图书目录（British Museum，Catalogue of Printed Books）

是书专集英国及英国在外国出版书籍目录，为伦敦 W. Clowes 公司所印行。初编系一八八一年至一九〇〇年出版，凡三百九十三卷。续编系一九〇〇年至一九〇五年出版，凡十四卷。售价十金镑。前编全部，恐今虽出重价，亦不能得矣。前编每卷均有序论目录，至杂志出版名目，占有六卷。系一八八五年至一八八六年出版，而于一八九九年重行印订。书目载于出版处名之下，出版处则依字母为序。后编所集为一八八二年至一八九九年继增，各书目印法与前编略有不同。

（五）苏能谦氏善本书目（William Swan Sonnenschein：The Best Books）

是书系为学者为拣选最佳及有用书籍而作，所列书目数逾十万。凡关于科学文学艺术神学哲学社会地图等类，无不列入。更于书名之下，注其初版与最近之版数书价形式大小出版处等，并附有著者与书名索引。

此书目出至第三版时，经名家重行辑订，故愈加丰富。初版在一八八七年，再版在一八九一年，三版在一九一〇年。再版之后一八九五年曾有附再版名 Readers' Guide。此书分装三卷。出版处有二：一系英伦 Routledge 公司，每卷定价十四先令；一系美国 Putnam, N. Y. 公司，每卷定价三元半。

（六）伦敦图书目录（London Catalogue of Books）

是书所集，为美国出版书籍目录。第一编列有书籍形式大小及书价等，系伦敦 Bent 公司于一七九九年出版。第二编系续第一编而作，除加增新出版书籍外，而于书籍之变更式样者亦间及之。自一七九九年至一八〇〇年之书目，概行列入，系伦敦 Brown 公司于一八〇〇年出版。第三编所集为一八〇〇年至一八二二年出版，书目并列举书籍形式大小书价出版处及敦伦书籍之变更式样与售价等，系伦敦 Bent 公司于一八二二年出版。第四编所集为一八一六年至一八五一年英国出版，书目亦列举书籍形式大小售价及出版等处，系伦敦 Hodgson 公司于一八五一年出版。第五编所集为一八一六年至一八五一年之书，分类索引，亦系伦敦 Hodgson 公司于一八五三年出版。第六编所集为一八三一年至一八五五年之书目，亦系伦敦 Hodgson 公司于一八五五年出版。

此目录为普通检查书籍所应用，其排列法系依字母为序。现纽约省立图书馆有一全部。

（七）英国图书目录（English Catalogue of Books）

是书系于一八〇一年继续伦敦图书目录而作。其附属此目录而作者，又有英国图书馆目录年刊（Annual English Catalogue of Books）、出版界通编（Publishers' Circular）及书业界（Bookseller），为英伦 Low 公司于一八六四年起陆续出版。其后衔接此目录者，有索引四卷，亦系该公司于一八五八年至一八九三年所出版。

此目录自一八〇〇年起至一八三六年集有书目三万

六千有奇,迨至一九一四年始行出版,定价五金磅五先令。自一八三五年至一八六三年为第一卷,所集书目六万七千五百,惟只列著作人姓名。一八六三年至一八七二年为第二卷,列书目三万。一八七二年至一八八〇年为第三卷,列书目六万。一八八一年至一八八九年为第四卷,列书目七万五千。一八九〇年至一八九七年为第五卷,列书目六万。此卷以后,并列著作人姓名及书目为一顺序。一八九八年至一九〇〇年为第六卷,列书目三万。嗣后每年出一卷,每卷列书目五万左右。此目录除列英国出版书籍外,美国及加拿大者亦附卷末。一九一一年后更增入每种书籍出版确数,及新著书籍或译著书籍之比例。

(八)近世图书备考录(Reference Catalogue of Current Literature)

是书创刊于一八七四年,为伦敦 Whitaker 公司所作,每卷售二十一先令。美国 R. R. Bowker,New York,公司亦有经售,每卷价五元。

斯书系每年搜集各书肆图书目录合订而成,以各书肆名之首字依字母顺序而列。另编索引一卷,以备检查。自一八七四年第一次出版后,每四年集制一次。

(九)出版界通论(Publishers' Circular)

是书创刊于一八三七年,所集为英国及他国出版书目,系伦敦 Low 公司出版。每年定价八先令六辨士,外国定购每十三先令六辨士。

此编自一八三七年至一八九〇年每月出版二次。一八九一年之后改为每星期一次,系将一星期内所有出版书籍目录广告评论书业新闻等而编入之。每月终复将一月内出版书籍重编一次,每年合编一次,迨后又如英国图书目录编成巨册。

法国

(一)布纳氏图书选编(Jacques Charles Brunet: Manual du libraire et de l'amateur de livres)

是书为法国普通目录中之最著也。所集为法国一切出版物之目录,计六大卷,系巴黎 Firmin – Didot 公司于一八六〇年至一八六五年出版。书中有图解有注释。此外又有续编两卷,为 P. Deschamps G. Brunet 所纂,集有书目万余,凡于原编中谬点或有未及者,概补正之,亦为该公司于一八七八年至一八八〇年出版。是书原编与续编共约售美金六十五元。该公司又于一八七〇年编印出版古今索引一卷,纯列拉丁名称,售价四十佛郎。

斯书专搜秘本书目,不限出版时期,不拘何种文字。凡在十九世纪以前者,莫不列入。每书均具著作人姓名书名出版处出版者出版期以及形式大小卷数等,但不注页数。如遇希罕本,则加以参考评论注释售卖处所价值册数印刷特别标记等等。其排列法第一卷至第五卷,以著作人名及书名依字母顺序为次。其第六卷有原编索引，第八卷有续编索引。布氏此书应与克来西式罕珍书库（Grasse：Tresor de livres rares et precieux）参看，盖此二者，有不见于此而见于彼之异点也。

（二）角寄氏欧洲书籍总目（Theophilus Georgi：Allgemeinon europaischen bucherlexicon）

是书本系德国出版，其第五卷专列法国书籍，具著作人书名等为一顺序。系角氏自行印行，出版处在 Leipzig，出版期为一七五三年（关于本书目内容详见本章德文部）。此书出世最早，所集者皆为古代秘本之书，且多属于专门之参考，故于高等专门大学最为适用，诚为布纳氏图书选编之助也。

（三）费敦氏法国古今图书汇（Robert Federn Repertoire bibliographiquede la litterature francaise des origines a nos jours）

是书专集十九二十两世纪之书目，而分析其内容，故可为评论书籍之前导。系 Leipz – Berl F. Volckmar 公司于一九一三年出版，美国纽约 Stechert 公司亦可购得之。此书原版分七编售价三元。

此书所采，为一九一一年以前法国出版之最佳书籍，凡哲学神学文学美术地理考古学记传社会学政治经济及历史无不列入。每书均具著作人姓名、生死日期，以及书名、卷数、版次、形式、大小、原出版期、最后出版期、定价、实价、出版处、种类及电报购书之字号等，并附有书类及书名之索引。又有法国丛书表、出版处一览表、书肆一览表等,均依字母顺序为次。

（四）国立图书馆书籍总目（Catalogue general des li-vres imprimes de la Bibliothheque nationale）

是书为巴黎图书馆所编纂,自一八九七年创刊以来,仍陆续进行。系巴黎国立印刷所于一九〇〇年开始出版,每卷售价十二佛郎半。

巴黎国立图书馆与伦敦博物院、美国国会图书馆性质相同,均以广搜国中出版书籍编印目录为职志。此目录系以著作人为索引,其重点在供参考,故杂志中有可供参考之价值者,无不论及焉。

（五）劳连氏法国图书总目（Otto Lorenz：Catalogue general de la librairie francaise）

是书所集,为自一八四〇年起出版之书目。于一八六七年创刊于巴黎（Jordel）。此书系赓续开氏文汇而作,为法国近世目录学中最要之书也,于十九二十两世纪之书目极为周详。关于检查著作人者,有著作人完全姓名书名版数出版处出版期发行者页数形式大小价值及简明注解等。关于检查书目者,有书类书名著作人式样大小出版期及出版处编采书籍及印刷小品年刊等,但不及杂志。惟在比利时出版,而在法国出售之法文书籍,亦间及之。本书特色:（1）于著作人有略传。（2）一著作人所著数书,初版以下,均互相参考。（3）书籍之为法国学校采用为教科书者，加以注释；重印者注其时期、版数及初版期；自杂志转载者，注该杂志卷数或期数。诚极有用之注释也。

（六）法国书录解题（Bibliographie de la France）

是书载出版之普通新闻，详论出版书籍之内容。创自一八一一年以迄于今，系巴黎 Cercle de la libraire 出版，每年定价二十佛郎。

此书每星期出版一次。自第一卷至四十五卷，称为第一篇，即一八一一年至一八五六年也。自一八五七年至今均属第二篇。分为三类：（1）书籍解题、（2）年代记、（3）文苑。此书初名 Bibliographie de l' Empire francais，至一八一四年三月始更今名。

德国

（一）角寄氏欧洲书籍总目（Theophilus Georgi：Allge-meines europaisches bucherlexicon）

是书搜集十六世纪至一七三九年之出版书目，并注明书籍版数形式地点内容修改装订材料等。系角氏于一七四二年至一七五三年自行在 Lepzig 陆续印行。计分五卷，前四卷为普通检查书目，第五卷则专载法国书籍。此外尚有附编三编，合订一卷，亦角寄氏自行编纂出版。系赓续搜集一七三九至一七五七年间出版书籍，编为目录。自一七五〇年纂起，至一七五八年始告完竣。

此书所集于德国书籍颇详，诚德国目录学中最初之佳作也。所载书籍,均具详细书目出版处出版者售价版数页数等。此书出版虽早,然至今仍有价值,盖于德国古代书籍,几搜罗无遗也。

（二）克来西式罕珍书库（Johann Georg Theodor Grasse：Tresor de livres rares et Precieux）

是书所集,皆欧洲最希罕册籍之目,凡十万余种。其有已经翻印者,并注其重印经过情形及版期等,而每书之下均加注释。其于德国者独綦周详。系德国 Dresde, Kuntze 于一八五九年至一八六九年陆续出版。书凡七卷,售价约六十元。此书于一九〇〇年至一九〇一年曾在巴黎（Welter，Paris）重印,分为八卷,售价一百五十七佛郎。

此书第七卷系附论。此书之作,与法国布纳氏图书选编相仿。书中所列者非但希罕,且大有价值在焉。应与布氏之书目参看盖克氏所重者在德国书籍,而布氏所重者在法国也。

（三）邢色氏书籍总目（Wilhelm Heinsius：Allgemeines bucher – lexicon）

是书所辑,为一七〇〇年至一八九二年德国出版书籍之目录。凡十九卷,系自一八一二年至一八九四年陆续出版。前七卷为 Gleditsch，Leipzig 公司所印行,以后为 Brockhans，Leipzig 公司所印行,售价约一百二十元。

此书排列系依字母顺序为次,并列有著作人书名出版处书价等。

（四）开塞氏现行书籍总目（Christian Gottlob Kayser：Vollstandiges bucher – lexicon）

是书辑一七五〇年至一九一〇年德国及其属地出版书籍之目录，共三十六巨卷。出版处有三：第一至五卷为Schumann公司，第九至二十四卷为Weigel公司，第二十五至三十六卷为Tauchhnitz公司，但此三公司均在Leipzig。现在定价，第一卷至三十四卷约一百二十五元，第三十五卷及三十六卷定价一百十三马克。

此编另编有目录索引，为参考第一卷至第六卷之用。又有后编目录索引五卷，为参考第二十七卷至三十六卷之用。所有第七卷至第二十六卷，尚无索引，亦美中不足也。

开塞氏之目录，系依字典排列，以著作人为本位，次及书目出版处发行者出版期卷数页数丛书种类各版售价等等，但间有以书目或书类为本位者，此为印刷时所加入。然书目或书类均另用一种字体，以为识别。

（五）盛利氏目录（Hinrichs' Katalog）

是书汇辑德国一八五一年至一九一二年出版书籍杂志及其他出版物之目录。创刊于一八七一年，终于一九一三年。成书十三卷，系Leipzig盛利氏公司出版。售价不一，最近卷数，每卷一百二十二马克半。

此书为继葛合夫氏目录（Bcher – Katalog of Albrecht

Kirchhof)而作。葛氏目录作至二卷时,盛氏继编三卷,即更名为盛氏目录(Hinrichs bucher – Katalog)。迨第四卷后,又更名为盛氏五年目录(Hinrichs' Funfjahrs – Katalog),因其每卷仅集五年之书目而一结束也。此目录应与开塞氏目录参看,因其互相关系处甚多也。其排列法以著作人及书名为本位,依次排列,颇便检查,诚德国目录中最佳之书也。

（六）德国文书目（Deutscher literatur katalog）

是书所辑,除德国每年出版书籍地图外,兼及法国西班牙国所出版图书诗歌,而为有系统之语类索引。此于小图书馆选购德国书籍,最便检查。即不知出版时期,亦可查得其价目也。创刊于一九○四年,每年出版一次,至今犹陆续编辑。系德国 Volckma,Leipzig 出版,每卷定价自二马克半至七马克半不等。在美国纽约 G. E. Stechert & Co. 亦可购得之。

（七）盛利氏半年书目（Heinrichs' Halbjahrs Katalog）

是书专集德国及其属地所出版书籍杂志图本等之目录,依字母排列。除列著作人及语类索引外,复有分类索引。每书之下,则注明页数形式出版处出版期及变更价目或改订式样等。创刊于一七九七年,每年出版一次。系（Leipzig）盛氏公司出版,每卷售价五马克至十马克不等。

（八）书目周刊（Wöchentliches Verzeichnis）

是书创刊于一八四二年,原名 Allgemeine Bibliographie für Deutschlend,至一八九三年始改今名。所辑为德国及其属地出版书籍之目录,而依字母顺序为次。每星期出版一次,每月编一索引。系(Leipzig)盛氏公司出版,售价十马克。

图书馆用品公司

1. Democratic Printing Company, Madison, Wisconsin, U. S. A.

2. Gaylord Bros. , Syracuse, New York, U. S. A.

3. The Globe – Wernicke Co. , New York, U. S. A.

4. H. R. Huntting Co. , Springfield, Massachusetts, U. S. A.

5. Library Bureau, Boston and New York, U. S. A.

6. Multum in Parvo Binder Co. , Philadelphia, Pa. , U. S. A.

7. F. W. Wentworth and Co. , San Francisco, U. S. A.

8. Grafton & Co. , Coptic House, London.

编目参考书

1. Bishop, W. W. : Practical Handbook of Modern Library Cataloging, 1914, $1.00, Williams & Wilkins.

2. Cutter, C. A. : Rules for a Dictionary Catalog, 4th ed. , 1904, 20 cents, Supt. of Doc.

3. Fellows, J. D. : Cataloging Rules, New ed. , 1922, $4.00, Wilson.

4. Hitchler, H. : Cataloging for Small Libraries, New ed. , 1915, $2.00, A. L. A.

5. Howe, H. E. : The Catalog, 1921, 20 cents, A. L. A.

6. A. L. A. : List of Subject Headings for Use in Dictionary Catalogs, Rev. by M. J. Briggs, 1914, $4.00, A. L. A.

7. Sears, M. E. : List of Subject Headings for Small Libraries, 1923, $2.00, Wilson.

8. University of Wisconsin Library School, Cataloging Rules, New ed. , (on cards) $4.35 Democrat.

分类参考书

1. Bacon, C. : Classification, A. L. A.

2. Brown, J. D. : Library Classification and Cataloging, 1912, 10s. 6d. , Grafton.

3. Brown, J. D. : Subject Classification, 1906, 15s. Grafton.

4. Cutter, C. A. : Expansive Classification, Library Bureau.

5. Cutter, C. A. & Sanborn, K. E. : Cutter – Sanborn Three – figure Alphabeticorder Table, 1895, $ 2. 50, Library Bureau.

6. Dewey, M. : Decimal Classification and Relative Index for Libraries, Clippings, Notes, etc. , New ed. , Lake Placid, Forest Press, $ 8. 00.

7. Library of Congress, Classification.

8. Richardson, E. C. Classification Theoretical and Practical, 1912, Scribner.

9. Sayer, W. C. B. Cannons of Classification, 1915, Grafton.

关于图书馆学之杂志

（一）美国

1. Public Libraries, (Monthly except August and September) Library Bureau, $ 3. 50.

2. Library Journal, (twice a month) Bowker, $ 5. 50.

（二）英国

1. Library World, (Monthly) Grafton.

2. Library, (London) Quarterly, $ 4. 80 Oxford University Press.

3. Library Association Record, Quarterly, $ 11. 35 Grafton.